일등에는 신념이 있다

김정수 지음

일등에는 신념이 있다

THE TOP 12 INCISIVE BELIEFS

김정수 지음

무뎌진 조직을
어떻게 날카롭게 만들 것인가

가디언

일러두기

책 속에서 하이트맥주와 OB맥주는 기업명을. 하이트와 OB는 하이트맥주와 OB맥주에서 생산하는
맥주 브랜드를 각각 지칭한다.

벼 베기 성과를 2배 높인
할아버지의 교훈

어린 시절을 산과 들이 아름다운 시골 마을에서 보냈다. 조부모와 더불어 부모, 필자 3대가 함께 사는 전형적인 농촌이었다. 그때만 해도 끼니 걱정하는 집들이 많았다. 자연히 도시락을 싸오지 못하는 아이들이 대부분이었다. 그래도 우리 집은 부지런한 할아버지와 검소한 할머니 덕분에 논마지기라도 있어서 배곯지는 않았다.

할아버지는 얼마나 부지런한지 새벽에 잠자리에서 일어나자마자 산에 가서 나무를 한 짐 해다 놓은 후에야 아침을 드셨다. 손재주도 꽤나 좋아서 지게, 멍석, 다래끼 등 웬만한 물건은 손수 만들어 사용하셨다.

또 할아버지가 사용하는 낫과 톱, 칼 같은 도구들은 언제나 반짝반짝 빛을 내며 날이 서 있었다. 그것들은 아무에게나 빌려주는 연장들과 달리 정해진 장소에 새것과 다름없는 모양새로 놓여 있었다.

더욱이 우리 집에서 벼 베기를 하는 날이면 할아버지는 전날 밤에 품앗이하러 오는 사람들의 집을 일일이 돌면서 미리 낫을 걷어다 이른 새벽에 그것들을 숫돌에 잘 갈아서 일꾼들의 손에 쥐여주셨다. 그러면 한 상 차려놓은 아침으로 두둑하게 배를 채운 일꾼들은 반짝반짝 날 선 낫을 보고는 할아버지에게 고맙다며 꾸벅 인사를 하곤 했다. 이뿐만이 아니다. 새참이나 점심 때, 그리고 간식 때도 숫돌을 들고 다니면서 일꾼들의 무뎌진 낫을 신경 써서 갈아주셨다.

그때만 해도 나는 뭐하러 힘들게 남의 낫까지 갈아주나 싶어서 할아버지의 행동이 이해되지 않았다. 하지만 할아버지가 이렇게 도구에 신경을 쓰는 데는 다 이유가 있었다. 산에서 나무를 하고 농사를 잘 지으려면 낫과 톱, 도끼, 칼 등을 잘 다뤄야 할 뿐만 아니라 관리를 잘해야 한다고 하셨다. 그래야만 힘이 덜 들어서 오랜 시간 일해도 수고롭지 않다고 말이다.

실제로 우리 집 일을 도와준 일꾼들은 하나같이 이렇게 말했다.

"정수네 집에 일하러 가면 할아버지가 낫과 칼을 잘 갈아주셔서 다른 집보다 일이 훨씬 수월해. 다른 집 논 반 정도 벨 시간이면 정수네는 일이 거의 다 끝나간다니까."

기업도 마찬가지다. 칼날이 무뎌지면 밭일이 힘들고 노력한 만큼 성과를 거두기 어렵듯이 조직도 무뎌지면 여기저기서 문제가 생긴다. 조직원들 간에 소통이 잘 이뤄지지 않으며, 조직 내 질서가 무너

        일등에는 신념이 있다

진다. 또 아부꾼들Apple Polishier의 인人의 장막帳幕에 둘러싸인 최고경영자CEO들은 상황을 제대로 인지하지 못해 잘못된 의사결정을 내리게 된다. 이로써 파국으로 치닫는다.

일본의 코닥Kodak사가 필름 산업의 몰락을 예측하여 경쟁사들보다 먼저 디지털 카메라를 개발하고도 필름 산업의 수익성에 안주한 조직 내 아부꾼들의 의견을 따르다가 시장의 변화에 대응하지 못해 도태한 사례가 대표적이다.

세상에는 수많은 상품 브랜드가 탄생하고 사라진다. 대한상공회의소가 지난 30년간 국내 100대 기업의 변천과정을 조사한 결과, 100대 기업에서 탈락한 회사가 무려 73개나 된다. 미국의 경우는 더욱 심하다. 미국 경제전문지인 〈포천Fortune〉이 발표한 바에 따르면, 30년 만에 81개 기업이 100대 기업 목록매출액 기준에서 자취를 감추었다. 글로벌 상위 10대 기업 중 절반가량이 10년을 채 버티지 못하고 후발주자에게 자리를 내주고 말았다.

잘나가던 많은 기업이 이렇게 밀려난 이유는 무엇일까? 가장 큰 이유는 미래에 대한 고민 없이 현실에 만족하여 경쟁에 무뎌졌기 때문이다.

그렇다면 매너리즘에 빠진 조직을 어떻게 예리하게 만들까? 쉼 없는 생존 경쟁에서 살아남기 위해서는 어떻게 해야 할까? 그 옛날 필자의 할아버지가 인부들의 낫을 수시로 날카롭게 갈아주었듯이 기

업도 수시로 조직의 날을 점검하고 무뎌진 칼날을 날카롭게 세워야
한다.

일등은 하기도 어렵지만 그것을 지속적으로 유지하는 것은 더 어
렵다고 한다. 일등을 만들고 이를 유지하는 조직이나 기업들은 절차
탁마**切磋琢磨**의 시간을 가졌기에 성공한 것이다. 그들은 치열한 경쟁
속에서 제품과 브랜드를 묵묵히 가다듬고 판세를 읽는 영업과 마케팅
을 펼쳤고 미래를 보며 이익을 재투자하고 직원과 회사가 공동운명체
로 움직이는 매니지먼트 시스템을 구축하는 등 일등이 되기 위한 부
단한 노력을 했다. 이 책에는 그 혹독한 절차탁마의 과정을 거쳐 옥으
로 탄생한 기업의 일등 신념이 얼마나 마법 같은 힘을 발휘하는지 담
겨 있다.

필자는 본인의 인생을 전반기와 후반기로 나눈다. 전반기는
조선맥주**하이트맥주의 전신**에서 보낸 28년간의 직장생활이다. 이때
필자는 "지하 150m의 100% 암반 천연수 맥주"라는 신선한 콘셉트
로 공전의 히트를 친 하이트를 개발해 OB맥주의 아성을 무너뜨렸다.
또 하이트맥주가 인수한 진로에서 마케팅 수장으로 근무하며 소주 주
당들이 소주 맛의 한계라고 일컫던 알코올 도수 20도를 허문 참이슬
fresh를 출시해 또다시 히트상품을 만들었다.

한편 후반기는 후배들의 길을 터주기 위해 새로운 삶을 준비하

     일등에는 신념이 있다

는 지금이다. 그동안 주류업계 마케팅 수장으로 겪은 실전 경험을 하나둘 정리한 이 책이 그 첫 프로젝트다. 부디 이 책이 조직의 칼날을 날카롭게 다듬어 경쟁사와의 전쟁에서 비수를 꽂을 수 있는 비장의 무기가 될 수 있었으면 하는 바람이다.

사실 이 글을 쓰기까지 우여곡절이 많았다. 무엇보다 하이트진로 그룹의 박문덕 회장님이 아니었다면 이 콘텐츠는 탄생하지 못했을 것이다. 그와 함께한 28년이 있었기에 혁신의 역사를 쓸 수 있었다. 진심으로 고개 숙여 감사드린다.

또한 이 글을 쓰도록 격려해준 많은 분들에게 감사를 전하며, 글을 쓰도록 편의를 제공해준 동일정보인쇄(주)의 이순석 사장에게도 고마운 마음을 전한다.

2013년 9월
촛대바위 앞에서 일출을 바라보며…

김정수

切磋琢磨（절차탁마）

끊고 닦고 쪼고 갈다. 학문·도덕·기예 등을 열심히 닦음.
원래 톱으로 자르고 줄로 쓸고 끌로 쪼며 숫돌에 간다는
뜻으로, 학문이나 수양뿐만 아니라 기술을 익히고 사업을
이룩하는 데 널리 인용된다.

CONTENTS

저자의 글 벼 베기의 성과를 2배 높인 할아버지의 교훈 **5**

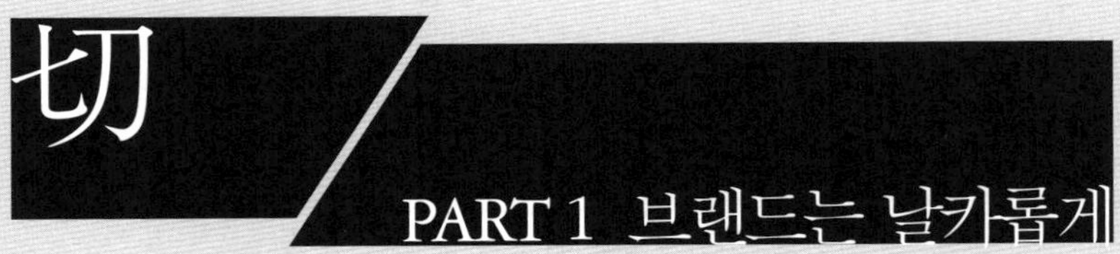

chapter 01 가치의 신념

제품을 살리는 힘, '왜?' **19** l 뇌리에 박힐 강력한 콘셉트를 가졌는가 **26** l 좁히고 단순화한다 **30** l 매력이 떨어지면 끝이다 **34**

chapter 02 현장의 신념

소비자를 잡으려면 현장으로 가라 **41** l 그 많던 충성고객들은 어디로 갔을까 **46** l 현장 검증 없는 제품은 비극이다 **50** l 랜드에도 인격이 있다 **52** l 사회적 이슈에 민감하라 **54**

chapter 03 러브마크의 신념

약자는 시장을 개척하고 강자는 시장을 지배한다 **60** l 브랜드의 수명은 이미지가 결정한다 **64** l 연애하는 마음으로 브랜드를 다룬다 **67** l 구설수에 휘말린 제품은 오래갈 수 없다 **69**

⋯ **episode 1** 왜 건배 제의를 하는 걸까? **74**

礎

PART 2 마케팅은 예리하게

chapter 04 자존심의 신념

영업사원은 회사의 얼굴 79 l 사표를 품고 추진하는 '기필코 정신' 81 l 경쟁사의 자존심을 무너뜨린다 86 l 일등이 되려면 일등과 놀아야 한다 89

chapter 05 시장주도의 신념

위협적인 존재임을 과시한다 94 l 바위를 깨려면 날카로운 징을 준비한다 97 l 대의명분은 영업사원을 춤추게 한다 101 l 최후의 고지에는 여성이 있다 105

chapter 06 섬세함의 신념

거래처 사장집 숟가락 갯수까지 파악한다 109 l 색다른 이야기를 노출시켜라 117 l 바람이 불 때 연을 날린다 121 l 광고는 누구를 위해 하는가 126 l 홍보야말로 최고의 기획 130

⋯▸ episode 2 폭탄주 문화에 얽힌 이야기 135

PART 3 매출 목표는 집요하게

chapter 07 매출의 신념

상품의 흐름을 놓치지 마라 139 | 규칙을 만드는 사람이 결국 웃는다 143 |
베풀고 또 베풀어라 146

chapter 08 현금의 신념

재무팀과 총무팀의 퇴근 시간에 주목한다 151 | 채권 회수에 집착하라 154 |
안 될 제품은 과감히 퇴출시킨다 156

chapter 09 재투자의 신념

단기 실적에 집착하면 내일은 없다 160 | 흐르지 못하는 물은 썩기 마련이
다 163 | 이익을 재투자해야 하는 이유 166 | 미래를 보고 방향키를 틀어라
169

···▶ episode 3 'TPO(Time, Place, Occasion)'에 맞춰라 172

磨

PART 4 조직 운영은 정성스럽게

chapter 10 성취의 신념

2~3년차 핵심인재가 회사를 떠나는 이유 **177** | 조직에 활력을 주려면 메기를 풀어라 **180** | 자존심을 건드려 잠재력을 끌어내라 **182** | 편한 회사가 아니라 기회가 있는 회사가 성장한다 **186** | 멘토가 있는 조직은 배신자가 없다 **188**

chapter 11 진정성의 신념

반드시 누군가는 책임을 져야 한다 **191** | 변화를 거부하는 5% 훼방꾼들 **193** | 조직원의 운명이 곧 회사의 운명이다 **197** | 작은 소리 하나라도 귀 담아 듣는다 **201** | 강가에 수초를 심어야 좋은 물고기가 모인다 **205**

chapter 12 뚝심의 신념

능력의 차이는 제로, 의식의 차이는 무한대 **208** | 상사는 직원의 걸음걸이를 보고 결재한다 **211** | 프로가 될 각오로 임한다 **215** | 삐져나온 못은 계속 삐져나오게 하라 **217** | 마지막까지 날카롭게 다듬는다 **220**

··→ episode 4 문화를 만들면 소비자는 행복하다 **225**

글을 마치며 희망을 버리지 마라 **229**

PART 1

切 : 끊을 절

브랜드는 날카롭게

① 옛날에는 시골 동네에 큰 잔치가 있으면 주민들이 거들어 돼지를 잡았다. 그런데 이상하게 행사 때마다 돼지고기의 맛이 달랐다. 나중에야 그 이유를 알았다. 날 선 칼로 돼지 목을 찔러 피를 남김없이 다 빼내야 고기 맛이 좋다는 것을 말이다. 돼지를 잡는 전날이면 왜 동네 어르신들이 어김없이 칼을 날카롭게 갈았는지 알게 되었다.

chapter 01

가치의 신념

제품을 살리는 힘,
'왜?'

기업은 조금만 개선해도 성장할 수 있다. 그러나 산업계의 순위를 뒤집고 '신화'라는 칭호를 얻고자 한다면 기존 질서에 반기를 들고 혼신의 열정을 불사를 때 가능하다.

대표적인 예로 미국의 크라이슬러**Chrysler** 자동차가 있다. 포드**Ford** 자동차와 GM 자동차에 밀려 어려움에 처했을 때 포드 자동차에 근무하던 리 아이아코카**Lee Iacocca** 가 사장으로 취임한다. 그는 기존의 소형버스를 톱으로 잘라낸 앞부분에 뒷바퀴를 붙여 혁신적인 신제품인 RV형 미니밴 자동차인 '캐러반**Caravan**' 등의 자동차를 만들어 히트를 쳤다. RV형 자동차의 인기는 지금도 여전하다. 또 다른 사례를 살펴보자.

하버드 대학에서 화학을 공부한 에드윈 랜드 **Edwin Land**는 편광偏光 기술을 이용한 다양한 사업을 하고 있었다. 어느 날 가족과 함께 해변으로 놀러 가서 사진을 찍던 중, 어린 딸이 "아빠, 사진을 찍으면 왜 당장 볼 수 없어요?"라고 묻는다. 그는 4년 후 폴라로이드 **Polaroid**라는 즉석카메라를 발명했다.

이렇듯 시장에서 기존의 틀에 반기를 들고 새로운 시각으로 접근해 성공한 제품이나 브랜드들은 한둘이 아니다.

덴마크의 '블록쌓기 왕국' 레고 **LEGO**는 창립 후 오랜 세월 장난감, 특히 블록 분야에서 제대로 된 적수를 만난 적이 없었다. 그런데 1990년대 들어 뜻밖의 경쟁자를 만나면서 고전을 겪었다. 기존 장난감과는 차원이 다른 비디오·컴퓨터 게임이 등장한 것이다. 더욱이 세계적으로 출생률이 낮아지면서 레고 시장의 규모는 점차 줄어들었다. 트렌드를 선도하던 레고가 시대에 뒤떨어지는 상황에 직면한 것이다.

그러나 레고 역사상 가장 큰 변화는 바로 이 시기에 찾아왔다. 레고는 두 가지 의문을 제기했다. "왜 레고는 움직여서는 안 되지?", "왜 어른은 레고의 고객이 될 수 없지?"

레고는 이 의문 속에서 레고 시장 확장의 새로운 실마리를 찾았다. 레고는 1998년 MIT 대학과 손잡고 움직이는 레고 로봇 '마인드스

톰 **Mind storm**'을 출시했다. 1999년에는 마니아층을 겨냥한 '스타워즈' 시리즈를 내놓았다. 그 결과 마니아층을 중심으로 성인 레고 시장이 확대되었고, 레고 판매의 증가는 물론 자연스럽게 제품의 가격이 올라 매출액 역시 급증했다. 성인으로 고객층을 넓힌 이 전략은 지금까지도 레고의 큰 자산이다. 현재 레고에는 'AFOLs **Adult Fans Of Lego**'라는 성인 동호회가 있는데 전 세계적으로 회원이 25만 명에 이른다.

혁신적인 제품이라고 하면 흔히 특별한 것으로 여기는데 가장 획기적이고 필요한 혁신은 우리가 자주 사용하고 많이 접하는 일상에서 나오는 법이다.

하이트맥주에 제2의 전성기를 안겨준 온도계 맥주는 영국 출장 중 머물고 있던 호텔에서 아이디어를 얻었다. 우연히 호텔 식당에서 콜라를 마시게 됐는데, 손가락으로 누르면 체온에 따라 색이 변하는 인쇄물이 병목에 매달려 있었다. 그것은 코카콜라가 여름에만 실시하는 이벤트로, 인쇄물에 ICE라는 글자가 나타나는 손님에게는 콜라를 한 병 더 주었다. 신기하면서도 재미있었다.

번뜩 이런 생각이 들었다. 맥주 맛이 최고로 좋은 온도인 섭씨 7~8도가 될 때 라벨 색이 변하면 어떨까? 맥주 맛은 여름에는 섭씨 5~6도, 겨울에는 7~8도가 가장 적당하다. 하지만 우리가 흔히 구매하여 마시는 맥주는 상온의 진열대에 그냥 보관되거나 냉장온도인 섭씨 2~3도로 너무 차게 보관되어 맥주의 맛을 제대로 살리지 못하고 있었다. 손님들은 으레 그 정도 시원해야 맥주 맛이 좋다고 오해하고 있었다. 그렇다고 병마다 일일이 온도계를 달 수도 없으니 맥주 맛을 관리하는 제조사 입장에서는 이 문제를 어떻게 해결해야 할지가 늘 고민거리였다.

한국으로 돌아오자마자 인쇄업체를 찾아가 섭씨 8도가 넘으면 무색이었다가 온도가 8도 이하로 내려가면 청색의 암반천연수 마크가 나타나는 온도계 라벨을 개발해달라고 요청했다. 1년여의 연구 끝에 드디어 시온잉크를 활용한 온도계 라벨 개발에 성공했다. 이 기술의 핵심은 시온잉크에 섞여 있는 고유의 화학성분이 온도에 따라 자기 고유의 빛깔을 내는 것이다. 이를 얇게 도포해 종이 상표나 알루미늄 상표에 인쇄식으로 1분당 1,200병씩 생산되는 하이트에 부착했다.

하지만 재무팀에서 고개를 내저었다. 당연한 반응이었다. 시온잉크를 상표에 인쇄해 부착하는 비용은 병당 50전으로 1박스에 맥주 20병이므로 총 10원의 추가 비용이 발생했다. 얼핏 10원은 적은 비용처럼 느껴지지만 연간 하이트 매출이 7,000만 짝에 달했기 때문에 추가 비용이 7억 원에 달했다.

영업팀에서도 제동을 걸었다. 그 이유는 두 가지였다. 첫 번째는 하이트가 자리를 잡아가는 단계인데 혹시 온도계 라벨에 오류가 발생해 클레임이 들어오면 누가 책임을 지겠느냐였다. 두 번째는 소비자가 매대에 진열된 온도계 맥주의 라벨이 청색이 아닌 것을 보고 신선

　　　　　　　　　　　　　　　　　　　　　　　일등에는 **신념**이 있다

하지 않은 맥주로 오해하면 판매에 막대한 영향을 미칠 것이라는 것이었다. 물론 영업팀의 입장은 충분히 이해됐다. 당시 하이트의 유통력과 인지도가 부족한 탓에 제품 대부분이 상온의 매대에 진열되고 있는 안타까운 상황이었다. 소매점 냉장 쇼케이스는 두산 그룹사의 제품 **OB, 코카콜라, 두산우유, 종가집 김치, 그린소주 등** 이 독식하고 있었다. 두산 제품이 소매점 매출의 50%를 차지하는 상황이다 보니 어쩔 수 없었다.

우선 재무팀 설득에 나섰다. 비용 문제는 언론 홍보를 통해 온도계 맥주에 대한 이슈를 만들어 광고 효과를 극대화해 상쇄하겠다고 약속했다. 다음으로 영업팀의 걱정을 불식시키기 위해 소매점 10곳을 선정해 시범 판매에 들어갔다. 소매점 주인들은 새롭고 특이한 온도계 라벨에 관심을 보였다. 그러면서 이렇게 재미있는 맥주라면 냉장 쇼케이스에 잘 보이게 진열해 정말 온도계 역할을 하는지 알아보겠다며 적극적인 모습을 보였다. 이렇듯 몇 차례 우여곡절이 있었지만 1995년 7월 20일, 드디어 하이트 온도계 맥주가 출시됐다.

OB맥주는 당황했다. ICE 맥주, NEX 맥주에 이어 세 번째로 야심차게 선보일 예정이었던 OB라거의 출시일을 하루 앞두고 허를 찔린 것이다. 당시 최고의 인기를 누리던 영화배우 한석규를 모델로 계약해 "대한민국, 7월 20일 온도계 맥주가 온다―Hite 맥주"라는 카피와 함께 하이트의 야심찬 프로젝트인 온도계 맥주의 탄생을 알렸다.

시장의 반응은 매우 뜨거웠다. 소비자들은 온도계 맥주의 라벨이 변하는 것을 보고 재미로 한두 병씩 더 시켜 직접 성능과 맛을 테스트했다. OB라거는 온도계 맥주라는 복병을 만나 고전을 면치 못했다.

온도계 맥주의 탄생을 알리는 신문 광고 ❶

온도계 맥주의 탄생을 알리는 신문 광고 ❷

뇌리에 박힐
강력한 콘셉트를 가졌는가

몇 년 전 모 개그 프로그램에서 한 개그맨이 "일등만 기억하는 더러운 세상"이라는 유행어로 많은 인기를 얻었다. 어찌 보면 씁쓸한 이야기지만 일등, 첫 번째에 의미를 두고 기억하는 게 현실이다.

1969년 미국에서 세계 최초로 유인 우주선인 아폴로 11호를 달나라에 착륙시켰다. 이때 세 사람이 달여행을 하였다. 동행한 3명 중 마이클 콜린스 **Michael Collins**는 모선에 남고 버즈 올드린 **Buzz Aldrin**과 닐 암스트롱 **Neil Armstrong**은 함께 달착륙선으로 '고요한 바다'인 달 표면에 착륙하였다. 그러나 처음으로 우주선에서 내린 닐 암스트롱은 기억하지만, 나머지 두 명의 이름을 정확하게 기억하는 사람은 많지 않다.

매일이 전쟁인 비즈니스에서도 이것이 그대로 적용된다. 세상에 나올 만한 물건은 이미 다 만들어졌다. 상품과 서비스가 넘치는 세상에 그저 그런 물건으로, 또 뻔한 마케팅으로 할 수 있는 일은 아무것도 없다. 일등도 첫 번째도 아닌 상품을 소비자들에게 알리고, 나아가 그 상품의 특성까지 인식시켜 구매로 연결한다는 건 여간 힘든 게 아니다. 혹시 남들 하듯이 고만고만한 전략으로 승부를 건다면 실패는 불을 보듯 빤하다.

1970~1980년대 삼천리는 자전거의 대명사로 불렸다. 그때 당시 삼천리 자전거는 대표적인 '이동수단'으로 각광받았지만 자동차가 대중화되면서 사양산업으로 퇴출될 위기에 처했다. 삼천리 자전거는 위기를 극복하기 위해 비장의 카드를 꺼내 들었다. 이동 개념의 자전거를 버리고 '산악자전거'로 옷을 바꿔 입었다. 레저와 스포츠라는 콘셉트를 접목해 고객의 잠재욕구를 자극함으로써 새로운 시장을 창출했다.

세계적인 페인트 기업인 더치보이**Dutch Boy**는 기존의 깡통 용기를 플라스틱으로 바꾸어 페인트 업계를 바꾸어놓았다. 무겁고, 들기 힘들고, 열기 힘들고, 쏟아붓기 힘들고, 재미없고……. 사람들은 더는 페인트를 사는 게 아니었다. 페인트로 칠해진 벽을 사는 것 같은 즐거움을 얻었다. 용기를 바꾼 것만으로도 판매가 급증했다.

새로운 콘셉트는 기존 시장에서 골리앗처럼 존재하는 1위 업체를 추월하는 발판이 되기도 한다. 20년 전만 해도 우리나라의 조미료 시장은 '미원'이 압도적으로 지배하고 있었다. 그런데 '다시다'가 판을 새로 짰다. 27년간 광고 모델로 활동했던 탤런트 김혜자 씨의 "다시다는 고향의 맛이에요"라는 한마디가 다른 모든 조미료를 '화학조미료'로 만들어버렸다. 천연이란 단어를 정확한 근거없이 식품에 사용할 수 없다고 한 방송윤리심위위원회 규정에 따라 천연의 이미지를 떠올릴 수 있게 "고향의 맛"이라 표현한 것이 모든 주부들의 마음을 사로

잡은 것이다. 이로써 미원은 물론 다른 조미료마저 꺼림칙한 식재료로 인식시킨 다시다는 단숨에 정상에 우뚝 섰다.

하이트를 개발할 당시의 일이다. 일등도 아닌 브랜드가 기존의 경쟁 맥주들과 유사하게 열처리 공법이나 강물 또는 수돗물로 만든 맥주를 내놓으면서 '더욱 새롭고 신선한 새 얼굴의 맥주'라고 소리쳐봤자 소비자들의 이목을 끌지 못할 것이라는 예측이 지배적이었다. 그래서 우리는 이 세상에 없는 맥주 콘셉트를 만들어내기로 했다. 이렇게 해서 소비자에게 선보인 것이 지구상에 없던 "지하 150m의 100% 암반 천연수 맥주"다.

하이트가 히트를 치면서 사람들이 '암반 천연수'라는 단어를 아무렇지 않게 쓰지만 이 단어는 사전에 없다. 사실 이 단어를 만들기 위해 엄청나게 노력을 기울였다. 고품격 맥주를 추구하는 입장에서 단어의 선택은 신중할 수밖에 없었다. 언어에는 품격이 있다. 예를 들어 '사람이 죽었다'는 말도 '죽다', '돌아가다', '서거하다', '붕천하다', '열반에 들다' 등 연상되는 이미지와 뉘앙스가 제각각이다.

암반 천연수 대신 처음에 생각한 '지하 150m의 지하수 맥주'라는 이름을 달고 나왔다면 결과는 어떠했을까? '지하수' 하면 어떤 이미지가 연상되는가. 시궁창, 검정색, 나쁜 냄새 등 식품에는 쓸 수 없는 매우 부정적인 이미지가 떠오른다. 우리는 밤새 사전을 뒤져가며 '지하수'라는 단어를 긍정적인 이미지로 바꿀 수 있는 방법을 모색했다. 일차로 '지하수 → 천연수 → 천연 암반수'까지 발전했다. 그러나 천연 암반수라는 어감도 썩 만족스럽지 않았다. 결국 여러 차례 심사숙고한 끝에 암반과 천연의 위치를 바꾸어 '암반 천연수'라는 품격 있는 단어가 만들어졌다.

'명품 횡성한우' 브랜드도 단어 선택을 잘해 성공한 경우다. 청정 지역 강원도라는 이미지에 명품이라는 단어를 합친 '명품 횡성한우'는 횡성군수가 보증하는 품질 좋고 맛 좋은 한우라는 이미지를 소비자에게 각인시킴으로써 성공했다.

횡성한우는 횡성 군청의 철저한 관리감독으로 키워진다. 규격에 맞는 축사와 사료는 필수이고, 위생관리에 각별한 주의를 요한다. 또한 유통도 철저하게 통제되고 취급점의 조건도 엄격하게 관리되어 일반 한우나 수입 소고기와는 차별화된 브랜드 이미지를 갖게 되었다.

제품을 개발할 때는 제품의 정체성을 확실히 드러내고 소비자들에게 타사 제품과 차별화된 가치를 제공하기 위한 콘셉트를 설정하는 것이 좋다. 이때 유의할 점은 단어 선택에 신중을 기해야 한다는 것이다. 그래야만 소비자들의 관심을 불러일으킬 수 있다. 다음에 나오는 공식을 보자.

품질 × 차별화 콘셉트=제품의 힘 **히트 상품**

A. $100 \times 50\% = 50$

B. $70 \times 100\% = 70$

누가 봐도 당연히 제품 B를 선호할 것이다. 요즘은 기술력에 큰 차이가 없어서 소비재의 경우 품질이 비슷비슷하다. 따라서 소비자가 제품을 구매할 때 콘셉트나 소비자들의 마음을 끄는 요소가 있는지, 다른 제품보다 더 나은 가치가 있는지를 따진다. 이것이 제품의 힘이다.

과연 우리 회사가 만드는 제품의 힘은 무엇인가?

좁히고
단순화한다

지방 출장을 간 적이 있다. 밥 먹을 시간도 부족해 눈에 띄는 식당에 들어갔는데 메뉴판을 보니 정신이 하나도 없었다. 메뉴가 20개는 돼 보였다. 이 정도 음식을 만들려면 주방에 일하는 사람이 많겠구나 싶어 주방을 살짝 들여다보니 한 명이 혼자 이것저것 다 하고 있었다. 얼마 후 주문한 음식이 나왔는데 어찌나 맛이 없던지 도저히 먹을 수가 없었다.

반면 대부분의 유명한 음식점은 특화된 메뉴 한두 가지를 전략 상품으로 개발해 엄청난 매출을 올린다. 삼각지에 있는 양곱창전문인 '평양집'은 특화된 메뉴로 성공한 식당이다. 이곳의 주 메뉴는 곱창, 양, 차돌배기로 아주 단순하다. 그러나 늘 손님들로 북적인다. 단일 메뉴로 성공한 식당도 있다. 정동극장 뒤편에 자리잡은 오래된 추어탕집으로, 이름 하여 '남도식당 정동집'이다. 이곳의 영업시간은 오전 11시 30분부터 저녁 8시 30분까지이며, 일요일과 공휴일은 무조건 쉰다. 메뉴는 추어탕 하나뿐이다. 하지만 12시경에 가면 항상 20~30m씩 줄을 서야하기 때문에 11시 30분 전에 가야 줄을 서지 않고 먹을 수 있다. 맛은 단연 일품이다. 삼성 본사가 태평로에 있던 시절, 고 이병철 회장이 이곳 추어탕이 먹고 싶다고 하면 비서가 냄비를 들고 가서 줄을 서서 추어탕을 사갔다는 이야기도 전한다.

메뉴가 많아야 장사가 잘되는 건 아니다. 한 가지 메뉴를 팔더라도 뭔가 남들과 다른 차별화를 보여주면 고객들이 알아서 찾아온다. 물론 매출은 자연스럽게 보장된다.

사업도 마찬가지다. 백화점이나 할인점, 편의점 같은 소매점이 아닌 이상 선택과 집중을 통해 한 곳에 공을 들여도 성공 확률은 2~3%뿐이다. 그런데 메뉴가 수십 가지나 되는 분식집처럼 별의별 사업을 벌이다 보면 죽도 밥도 안 된다.

《경영자 VS 마케터》에서 저자 알 리스**Al Ries**는 이익을 더 내려면 브랜드를 확장하지 말고 축소해야 한다고 말한다. 그리고 한 번에 여러 마리 토끼를 쫓다가 대가를 치른 항공사들의 사례를 소개하고 있다. 유나이티드 항공United Airlines, US 에어웨이즈US Airways, 노스웨스트Northwest 항공의 공통점은 무엇일까? 모두 파산했다. 알 리스는 항공사들이 두 마리 토끼를 쫓다가 한 마리도 못 잡았기 때문이라고 단언한다.

반대로 사우스웨스트Southwest 항공은 초점을 좁혀 성공했다. 사우스웨스트 항공은 휴가지를 포기하고 출장 가는 승객을 주로 태울 수 있는 대도시를 취항지로 선택했다. 대신 좌석은 퍼스트 클래스도, 비즈니스 클래스도 없이 이코노미 클래스뿐이고 국내선만 운항했다. 이렇게 한 마리 토끼만 쫓는 전략으로 사우스웨스트는 보잉 373기라는 단일 기종으로 운항할 수 있다. 덕분에 사우스웨스트 항공은 업계에서 고객의 불만이 가장 낮다. 초점을 좁히면 운영이나 관리 외에도 항공기 정비도 나아진다. 정비사와 탑승 관련 직원들이 한 기종만 관리하다 보니 정비와 승객에 대한 서비스 관리가 훨씬 쉬워졌다. 지난 30년간 사우스웨스트 항공기 사고로 인한 사망자는 단 한 명도 없다. 세계 주요 항공사 가운데 이런 기록을 보유한 항공사는 사우스웨스트 항공사와 더불어 콴타스Qantas 항공뿐이다.

하이트의 인기가 고공행진하면서 두산그룹의 OB맥주가 속수무책으로 당할 때의 일이다. OB맥주는 일본의 기린 맥주가 아사히 수퍼 드라이 맥주에 밀려 2등으로 추락했을 때 사용한 '다 브랜드 **Full Line** 전략'을 벤치마킹해 돌파구를 찾고자 했다. 이 전략을 실행한 이후 OB맥주는 OB에 이어 ICE, NEX, OB라거 등의 브랜드를 연이어 출시하면서 정상 탈환을 노렸지만 역부족이었다. 다 브랜드 전략에 맞서 단일 브랜드 **One Brand** 전략으로 승부한 하이트에 밀려 맥없이 주저앉고 말았다.

20년이 지난 지금 하이트는 OB맥주의 우산 브랜드 **Umbrella brand** 전략에 말려들어 추락하고 있다. OB맥주가 카스에 이어 카스 Light, 카스 Red 등을 출시하며 좋은 반응을 얻자 하이트맥주도 Hite, Max, D 등 라인 확장을 시도하며 새로운 브랜드를 시장에 선보였지만 소비자들은 어느 것이 하이트맥주의 브랜드인지 헷갈려하고 있다.

브랜드가 성공하려면 제품이 고객의 마음속에 어떻게 인지되고 있느냐가 중요하다. 이를 위해서는 단순화해야 한다. 소비자의 머릿속에 한마디 **One word** 로 간명하게 인식되는 것이 경쟁력이다. 따라서 제품의 카테고리 콘셉트 **Category Concept** 는 단순하게 정리돼야 한다.

오히려 무분별한 라인 확장은 브랜드를 오염시킬 뿐이다. 이럴 때는 브랜드를 심플하게 정의 **Definition** 하는 전략이 훨씬 효과적이다.

매력이 떨어지면
끝이다

품질**品質**이란 물건의 가치를 뜻한다. 아무리 제품의 품질이 훌륭해도 시간이 흐르면서 새로운 경쟁자의 시장 진입, 기술 발달, 신세대의 부상, 시대적 문화의 흐름 등 새로운 패러다임이 형성됨으로써 품질의 효용 가치는 점차 당연한 것으로 인식된다. 이때부터 제품에 대한 소비자의 관심은 점점 멀어진다.

물론 예외적으로 몇십 년이 넘도록 사랑받는 제품도 있다. 일명 장수 브랜드가 그것이다. 이들은 시대가 변해도 소비자들에게 충분한 가치를 제공하고 있기 때문이다.

그렇다면 제품의 가치를 어떻게 향상시킬 것인가. 일본 도쿄 대학 교수인 카노 노리야키**狩野紀昭**는 1984년 〈매력적 품질과 기대 품질〉이라는 논문으로 품질에 대한 새로운 시각을 제시했다.

품질에 대한 전통적인 인식은 옆의 그림에서 보는 바와 같이 원점을 통과하는 직선으로 묘사된다. 제품이나 서비스의 품질 요소가 충분치 않다고 판단되면 고객은 만족하지 않지만 반대로 충분하다고 판단되면 만족해한다. 이런 유형의 품질 요소를 '일원적 품질**Unitary Quality**'이라 한다.

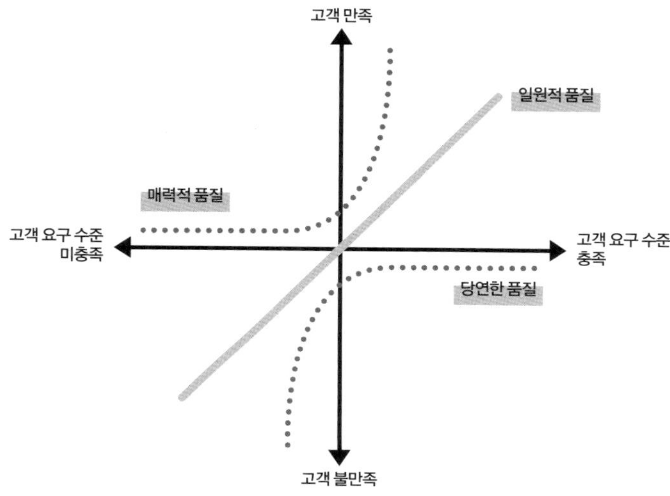

반면 어떤 품질 요소가 없거나 충분하지 않으면 고객은 불쾌하게 여기지만, 그러한 품질 요소가 있거나 충분하다 해도 고객은 만족하지 않는다. 고객은 품질 요소가 당연히 충족돼야 한다고 기대하는 것이다. 이런 유형의 품질 요소를 '기대 품질Expected Quality' 또는 '당연한 품질Must-be Quality'이라 한다. 당연한 품질이란 최소한 마땅히 있을 것으로 생각되는 기본적인 품질 요소로서 충족되면 당연한 것으로 여기기 때문에 별 만족감을 주지 못하는 반면, 충족되지 않으면 불만을 일으키는 것을 말한다. 따라서 당연한 품질 요소는 불만 예방요인이라 할 수 있다. 예를 들어 카메라의 자동 초점AF 기능은 오늘날 사

진 전문가뿐만 아니라 일반인들에게도 당연한 품질 요소다.

세 번째 유형은 어떤 품질 요소가 없거나 충분하지 않을 때, 고객은 만족하든 말든 상관하지 않지만 그러한 품질 요소가 존재하거나 충분하면 고객 만족도는 향상된다. 이런 유형의 품질 요소를 '매력적 품질Attractive Quality 또는 Exciting Quality'이라 한다. 매력적 품질이란 충족이 되면 만족을 주지만 그렇지 않더라도 하는 수 없다고 받아들이는 품질 요소를 말한다. 이것은 고객이 미처 요구하거나 기대하지 못했던 것을 충족시켜주거나 기대했던 것이라도 고객의 기대를 훨씬 초과하는 만족을 주는 요소로서 고객 감동의 원천이 된다. 따라서 매력적 품질은 경쟁사를 따돌리고 고객을 확보할 수 있는 주문획득인자로 작용한다.

예를 들어, 전기를 발견하고 이를 실생활에 활용하기 전에 호롱불을 쓰던 사람들은 전깃불을 기대하지 못했다. 따라서 그들의 요구는 더 밝거나 그을음이 적은 호롱불이었을 것이다. 스위치 하나로 끄고 켜는 밝은 전구를 제공하지 않더라도 당시로서는 불만을 느낄 수 없었을 것이다. 반면에 호롱불을 쓰던 사람들에게 최초의 전깃불이란 그들에게 큰 만족을 주는 매력적 품질 요소였을 것이다.

매력적 품질을 창조한 사례로 가장 흥미롭게 거론되는 것이 1970년대 중반에 일본 코니카Konica에서 개발한 카메라다. 1950년대에 사진을 찍는다는 것은 단순히 맑은 날 실외에서 사진을 찍는 것을 의미했다. 섬광발화장치를 갖춘 섬광전구를 이용해 실내에서도 사진을 찍는 것이 가능했지만, 비용이 많이 들었다. 따라서 실내에서 사진을 찍는 것은 결혼식 같은 특별한 경우로 제한됐다. 더욱이 사진을 잘 찍기 위해서는 어느 정도 경험이 있어야 했다. 특히 초점을 잘 맞추려면 전문적인 기술이 필요했다.

1970년대 초반에 소형 플래시가 널리 이용됐고 물체에 따라 초점을 맞춰주는 인터락킹 메커니즘이 소개됐다. 이로써 노출과 초점에 대한 문제가 해결되면서 소비자들은 적절한 가격에 사용하기 쉬운 카메라를 구입할 수 있게 됐다. 카메라 제조업자들은 이러한 기술 혁신 속에서 치열하게 경쟁했으며 니콘, 캐논, 미놀타**Minolta, 2003년 8월 5일 코니카에 합병됐다. 2006년 3월 31일 사진기 사업을 접으면서 디지털 SLR 부문은 소니에 매각했다**는 시장에 이미 잘 정착해 있었다. 이러한 경쟁적인 환경 속에서 코니카 카메라 부서는 카메라 사업을 계속할 것인지, 아니면 그만둘 것인지를 결정해야 하는 상황에 처했다.

시장 점유율을 획기적으로 올리기 위해서는 제품의 업그레이드가 아닌 완전히 새로운 모델을 개발해야 했다. 그러나 소비자의 니즈를 알아내기 위해 연구개발부서와 영업부서가 함께 파악한 바에 따르면, 소비자들은 오직 작은 변화만을 바라고 있었다. 따라서 소비자의 니즈를 모두 반영한 제품을 만든다 해도 시장 점유율을 획기적으로 올리기는 불가능했다.

그들이 벽에 부딪혀 좌절하기 직전에 한 젊은 엔지니어가 "고객은 왜 카메라를 사는가"라는 매우 근본적인 질문을 제시했다. 이로써 소비자는 단지 소유하기 위해 카메라를 구입하는 게 아니라 사진을 찍고자 한다는 점을 깨달았다. 이 점에 착안해 소비자들이 사진을 찍을 때 어떤 점을 불편해하는지 알아보았다. 그들은 사진을 잘 찍고 싶은데 결과물이 그렇지 않을 때 가장 속상해했는데 실제로 초점이 맞지 않은 사진이 많았으며 사진이 찍히지 않은 필름도 의외로 많았다. 그중에서도 사진이 잘못 찍히는 가장 큰 원인은 플래시로 해결되리라 믿었던 노출 문제 때문이었다. 대부분의 소비자들은 외장 플래시를 따로 구매해 갖고 있더라도 집에 두고 다니는 일이 잦음을 알아냈다.

이러한 문제점들이 1960년대 중반에 이미 해결됐다고 믿고 있던 코니카 엔지니어들은 매우 놀랐다. 의외의 발견으로 많은 소비자가 여전히 카메라에 내장된 인터락킹 메커니즘 기능을 사용할 줄 모른다는 것을 알 수 있었다.

결과적으로 코니카는 플래시가 내장되고 자동 초점 기능과 자동으로 필름을 끼우고 감는 기능을 갖춘 카메라를 개발해 1974년에 시장에 내놓았고 크게 히트했다. 바로 매력적 품질을 창조한 것이다.

문제는 소비자가 이 매력적 품질에 익숙해지면, 감동은 사라지고 원래의 기능 또는 서비스가 당연한 것으로 인식한다는 것이다. 그렇게 되면 출시 당시 제품의 강점으로 부각됐던 콘셉트는 자연스럽게

   일등에는 **신념**이 있다

그 가치를 잃고 일반화됨으로써 제품의 구매력이 떨어진다.

그러므로 한 브랜드가 진부함에 빠지지 않고 늘 신선도를 유지하려면 끊임없이 매력적 품질을 연구해 업그레이드해야 한다. 그래야만 브랜드에 대한 시장 가치가 높아지고 장수 브랜드로 살아남아 고객에게 감동을 줄 수 있다.

조금 주제에서 벗어난 이야기지만 고객 만족과 고객 감동이란 용어의 정의에 대해 살펴보자. 우리는 이 두 용어를 혼용하여 사용하는 경우가 많은데, 고객 관계를 다루는 사람이라면 이 용어의 차이를 정확하게 이해하고 사용해야 더 나은 고품질의 마케팅을 진행할 수 있다.

고객 만족이란 고객이 화폐나 용역을 제공한 다음 그 브랜드에 대해 느끼는 기대 가치를 말한다. 가령, 고객이 100원으로 상품을 구매하면서 기대 가치가 100이었다고 가정하자. 상품에 아무런 문제가 없고 100원에 달하는 가치를 교환해줬다면 고객은 만족할 것이다. 만일 100원의 가치에 미치지 못하면 고객은 불만족스러울 것이다. 이때 고객이 만족한 상태를 고객 만족이라 한다.

한편 고객 감동이란 고객이 화폐나 용역을 제공한 것 이상으로 효용 가치가 돌아올 때 쓰는 말이다. 예를 들어 소비자가 자동차를 살 때 기본 기능인 속도와 안전을 위한 안전벨트 등의 설치는 기본이다. 그런데 삼성르노자동차 SM5는 뒤에 따라오는 자동차가 쌍라이트를 켜면 룸미러로 빛이 반사되어 운전자의 눈을 피곤하게 한다는 사실에 주목하고 빛의 반사 현상을 낮추는 기능을 추가했다. 이때 고객이 감동하는 상태를 고객 감동이라 한다. 즉 고객의 기대 가치가 100이라고 할 때, 고객이 100을 초과하는 가치의 효용을 얻으면 고객 감동의 상태가 되는 것이다.

결국 아무리 매력적인 제품이라도, 아무리 인기 있는 가수의 노래라도 시간이 흘러 새로운 고객이 나타나고 반복적으로 구매해 자주 사용하다 보면 신선도가 떨어져 싫증을 느끼게 된다. 그러므로 기업이든 유명 가수든 제품이든 재능이든 늘 새롭게 업그레이드해야 한다.

chapter 02

현장의 신념

소비자를 잡으려면
현장으로 가라

기업에서 제품을 개발하는 방법은 크게 4가지로 볼 수 있다. 첫 번째는 연구소나 공장에서 특별한 기술력을 지닌 신물질을 먼저 개발하고 이를 마케팅 부서에서 상품화하는 경우다. 두 번째는 소비자 조사를 통해 소비자의 니즈를 찾아내 이를 토대로 아이디어를 얻은 후, 연구소에서 비법Recipe을 개발하고 생산 가능성을 검토한 다음 마케팅팀에서 이를 상품화하는 것이다. 세 번째는 최근 많은 기업에서 활용하는 방법으로, 마케팅팀에서 관련 부서원들을 소집한 후 별도의 팀을 구성한다. 그리고 나서 협업을 통해 제품 개발 업무를 추진한다. 시간과 비용을 줄이기 위해 동시공학 시스템Concurrent Engineering을 도입하는 것이다. 네 번째는 하이트를 개발할 당시에 사용한 방법이다. 외부 컨설턴트와 협업하여 내부 정보는 마케팅팀에서 담당하고 외부 조사와 교육은 컨설턴트가 진행하는 이원화 전략Dual plan을 도입해 어느 정도 제품 개발이 이루어지면 동시공학 시스템을 부분적으로 활용하는 것이다.

4가지 제품 개발 방법 중 공통적으로 중요하게 여겨야 할 것은 현장에서 답을 찾는 과정이다. 예를 들어 생산 현장에서 재료의 특성, 제조 환경, 제조 시 발생하는 크고 작은 문제점, 제품의 장단점 등 기존 제품을 보완하면서도 경쟁 제품과 차별화할 수 있는 특징과 방법에 대한 견해를 들어봐야 한다. 제품이 최종적으로 소비되는 현장은 두말할 것도 없다. 소비자들의 취향과 요구사항에 귀를 기울이면 다수의 소비자를 만족시키는 마케팅 전략을 수립할 수 있다.

하이트를 개발할 당시, 문제는 빤히 보이지만 해답을 찾기 어려웠다. 이때 타개책을 마련하기 위해 컨설팅업체에 소비자 의식 조사를 의뢰하면서 기존 맥주에 대한 소비자들의 불만과 잠재적인 욕구를 찾아내도록 했다.

그러고 나서 출장 허가를 받아 신제품 개발 프로젝트를 진행할 전주 공장으로 향했다. 전주역 앞에 위치한 숙소에 짐을 풀고 2주 내내 공장으로 출근했다. 품질관리팀, 맥아 공장, 맥주를 사입·발효·

저장하는 제조팀, 여과·병입하는 제품팀, 이렇게 순번을 정해 매일 담당 책임자를 쫓아다니며 그들의 이야기를 기록으로 남겼다. 저녁에는 숙소로 퇴근하는 대신 공장 직원들과 함께 맥주를 마셨다. 공장의 애로사항과 문제점에 대해 허심탄회하게 털어놓을 수 있는 자리를 마련하기 위해서였다. 하지만 본사에서 특별히 필자를 보내 조사를 시킨 것으로 오해한 그들은 쉽게 말문을 열지 않았다.

2주가 다 되도록 특이점을 발견하지 못하면서 점점 지쳐가고 있던 중 제조 책임자와 퇴근 후 생맥주집을 거쳐 포장마차까지 왔을 때야 술이 거나하게 취해 공장 비밀을 이야기하였다.

"전주 공장 근처에는 강이 없어 지하수를 쓰거든요. 깊이가 아마 150m 정도는 더 될 거예요. 또 이곳 물이 좋아요. 더군다나 공장 뒷산 넘어 용담댐이 있는 데다 공장 앞 냇가에 아침이면 물안개가 자욱하게 올라오는 걸 보면 지하에 물이 많은 것 같아요. OB맥주 이천 공장은 남한강의 물을 끌어다가 사용하는데 요새 남한강 오염이 심각해서 걱정일 거예요."

나는 그의 말에 정신이 바짝 들었다. 다음 날 본사로 올라와 공장 건물 공사 당시 지하수 개발 계약서를 확인해보았더니 "깊이는 150m 이상 뚫을 것, 시간당 500T/N 이상 확보할 것"이라고 명시되어 있었다. 결과 보고서를 살펴보니 깊이 153m, 시간당 500t을 확보했다고 적혀 있었다.

기회다 싶었다. 1991년 3월 14일에 일어난 '낙동강 페놀 오염사건'이 떠올랐다. 두산 그룹 산하 기업인 두산전자에서 다량의 페놀 원액을 유출해 대구·부산·마산을 비롯한 전 영남 지역 식수원인 낙동강을 오염시켜 전국민을 분노케한 사건 말이다. 이후 사람들은 마시는 물의 소중함을 깨달았고, 환경문제가 곧 인간의 생존권 문제라는 사실을 인식하게 되었다.

이런 국민 정서를 감안할 때 신제품 개발 프로젝트의 전략 콘셉트로 지하수를 활용하면 대성공을 거둘 거라는 예감이 들어 상부에 보고했다. 그러나 마케팅 시장조사 전문가들이 심하게 반대하고 나섰다. 그들은 소비자 조사 결과를 근거로 내세웠다. 소비자들은 맥주는 마시고는 싶은데 뱃살이 찔까 봐 걱정을 한다며 '마셔도 뱃살이 찌지 않는 다이어트용 맥주'에 대한 잠재욕구가 있다는 결론을 내렸다. 그러자 공장에서 다이어트용 맥주의 실효성을 두고 반대했다. 콘셉트는 그럴듯해 보이지만 제품 면에서 다른 회사와 크게 차별화할 수 없을 뿐더러 생산 자체가 쉽지 않다며 정색했다.

차별화 포인트와 콘셉트를 놓고 설전을 벌인 끝에 '지하수를 이용한 맥주 생산'으로 가닥을 잡았다. 생산 현장, 즉 공장의 의견을 존중하기로 결정한 것이다.

얼마 후 건강을 중시하는 소비자 성향, 그리고 맥주 성분의 90%, 우리의 인체의 70%가 물로 구성되어 있다는 점을 반영하여 '지하

150m에서 퍼올린 물'이 탄생했다.

현장은 문제 해답의 근원지다. 소비자들의 구매욕구를 자극하는 제품을 개발하려면 생산 현장과 소비 현장의 소리에 귀를 기울여야 한다.

P&G는 소비자가 원하는 상품을 만들어내기 위해 '접촉 유지'라는 프로젝트를 운영하고 있다. 전 임직원들에게 분기별 또는 매달 소비자의 생활을 체험하도록 하고 있다. 수잔 아놀드**Susan Arnold** 부회장은 P&G의 상품을 구매하는 고객의 2주일치 생활비로 살아보기로 했다. 그녀는 돈을 아끼기 위해 자동차 기름을 반만 채우고 무료주차장만 이용했다고 한다.

P&G는 접촉 유지 프로젝트를 활용해 소비자의 입장에서 불편사항을 찾아내 제품개발에 적극 이용한다. 1ℓ짜리 리필용 샴푸가 인기를 끌 때 경쟁사들과 마찬가지로 P&G도 리필 제품을 내놓았다. 우연찮게 한 소비자의 집을 방문했는데, 리필용 제품을 '리필'하지 않고 구입한 상태 그대로 사용하는 것을 발견했다. 포장을 뜯어 리필한 후 남은 것을 보관하는 데 매우 불편해했다. 여기서 힌트를 얻은 P&G는 활용하기 편하게 리필용 제품 포장에 펌프식 마개를 달았다. 이로써 매출이 크게 늘었다.

소비자들에 대해 우리는 얼마나 속속들이 알고 있는가? 우리 회사 제품에 대해 얼마나 속속들이 알고 있는가?

그 많던 충성고객들은
어디로 갔을까

그 유명한 파레토 법칙 **Pareto's Law**은 '전체 결과의 80%가 전체 원인의 20%에서 일어나는 현상'을 말한다. 이른바 80 대 20 법칙이다. 이탈리아 경제학자인 빌프레도 파레토 **Vilfredo Pareto**는 소일거리로 자신의 텃밭에 완두콩을 심었다. 어느 날 완두콩 전체의 80%가 20%의 콩깍지에서 열린다는 사실을 발견했다. 이를 계기로 고민해보니 세상의 많은 일은 소수가 만들어내고 있었다.

예컨대 이탈리아 인구의 20%가 전체 부의 80%를 차지하고 있다. 주가 상승률의 80%는 상위 20% 기업에서 발생한다. 운동선수 상위 20%가 전체 상금의 80%를 차지한다. 즐겨 입는 옷은 자신이 가진 옷의 20%에 불과하다. 내가 전화한 통화량의 80%는 통화한 사람의 20%와 한 것이다. 내가 평생 얻은 소득의 80%는 내 인생의 20% 기간에 번 것이다. 20%의 상위 고객이 전체 매출의 80%를 차지한다.

마케팅 측면에서 소비자는 크게 마니아층, 관심층, 스위치층 **브랜드를 자주 교체하는 층**, 안티층으로 구분할 수 있다. 이 가운데 충성고객인 마니아층은 기업의 핵심 자산이며, 기업의 생명과도 같다. 경기가 불황일수록 더욱 그렇다.

브랜드나 제품에 문제가 생기면 스위치층이 가장 먼저 이탈한다. 이들은 구미에 맞으면 태도를 쉽게 바꾸기 때문에 가격이나 프로모션, 동반자의 추천 같은 마케팅 활동을 통해 다시 고객으로 편입하는 것이 가능하다.

한편 마니아층은 브랜드 이미지를 소비하는 층으로 이탈 가능성이 가장 낮지만 일단 문제가 생겨 돌아서면 건널 수 없는 강을 건넌 것처럼 뒤도 돌아보지 않는다. 다시 말해 마니아층의 이탈은 브랜드에 심각한 문제가 발생했다는 뜻으로 받아들여도 무방하다. 또 매출의 80%를 차지하는 마니아층이 흔들린다는 것은 기업의 수익성에 빨간불이 들어온 것이나 다름없다.

2001~2003년도 한국 주류 시장의 연간 평균 소비량을 주종별로 분석해보면 맥주 48%, 소주 40%, 양주 7%, 막걸리와 청주, 과실주 등 나머지가 5%를 차지한다.

여기서 짚고 넘어가야 할 점은 맥주나 소주 수요층은 평소 마시던 술만 찾는 마니아층으로 경기 상황이나 시대적 트렌드 변화에 둔감한 반면, 양주 수요층은 맥주나 소주처럼 마니아층이 있기는 하지만 가격이 비싸기 때문에 경기 변동에 민감하다. 막걸리나 청주, 과실주, 약재 전통주 등을 찾는 소비자들은 시대적 트렌드에 따라 취향을 바꾸는 스위치층으로 볼 수 있는데, 건강을 위해 조금씩 반주로 마시거나 분위기를 즐긴다. 주로 20~39세의 여성이 여기에 속한다. 주류 소비 인구의 5% 정도로 추산한다.

　　지금까지 날카롭고 예리한 통찰력으로 스위치층을 공략해 주류 시장을 주도했던 브랜드들을 시대별로 살펴보면 다음과 같이 요약할 수 있다. 1990년대 초반에는 청주 바람이 불면서 '청하'가 대히트를 쳤다. 매달 50만 상자가 판매됐다. 2000년대 초반에는 '백세주', '산사춘', 보해의 5년 숙성 '매취순'이 시장을 휩쓸었다. 반면 1990년대를 풍미한 '청하'는 월 10만 상자로 판매량이 급감했다. 2005년경에는 수입 와인과 복분자가 히트하면서 '백세주', '산사춘' 같은 약재 전통주의 힘이 빠지고 쌀 소비를 촉진하는 이명박 정부의 정책으로 막걸리가 부흥했다. 최근에는 막걸리의 인기가 시들해지고 일본 사케와 세계 수입맥주가 혼전을 이루며 주류 시장의 트렌드를 이어가고 있다.

　　앞에서도 언급했듯이 맥주 수요층들은 마니아층이다. 하지만 1980년대 중반 맥주 수요층의 기호, 즉 소비자들의 욕구에 변화의 바람이 불었다.

　　당시 쌀을 주식으로 하는 국내 소비자의 입맛은 단맛에 익숙해져서 쓴 맥주는 별로이고 쓴맛이 적은 부드러운 맥주가 맛있다는 인식이 지배적이었다. 급기야 국내 소비자들은 쌉쌀한 맛 대신 부드러운 맛의 맥주를 찾기 시작했다. 우선 판매량에서 지각변동이 일어났다. OB맥주는 '부드러운 맥주'라는 콘셉트를 전면에 부각시켜 소비자들의 입맛을 사로잡았다. 이에 '독일 정통의 쌉쌀한 맛'을 고수하던 소수의 크라운 맥주 마니아층이 등을 돌리고 만 것이다. 회사는 큰 타격

　　　　　　　　　　　　　　　　　　　일등에는 신념이 있다

을 입었다.

1933년 영등포역 뒤편에 국내 최초로 맥주회사를 창립한 때부터 1962년까지는 크라운 맥주가 점유율 면에서 60~70%정도로 OB맥주를 월등히 능가했다. 그러다가 1962년에 크라운 맥주를 생산하는 조선맥주가 한일은행**우리은행의 전신** 관리체제로 들어가면서 전세가 역전되기 시작했다. 하지만 그 차이는 크지 않았고, 1980년대 초까지 45%를 유지했다. 문제는 1980년대 이후 OB맥주의 이천 공장 준공과 더불어 OB베어스 야구단 창단, 86아시안게임·88올림픽 공식맥주 지정 등 적극적으로 마케팅하는 OB맥주에 조선맥주가 대응하지 못하면서 매년 점유율이 1~2%씩 하락했다. 급기야 1992년도에는 시장 점유율이 28%까지 떨어졌다.

이탈하는 마니아층을 잡기 위해 1987년에 조선맥주는 일본식 수퍼 드라이**Super Dry** 기술을 도입했다. 하지만 출시 준비가 미흡했던 탓에 경쟁사인 OB맥주에서 'OB 수퍼 드라이**OB Super Dry**'라는 브랜드를 한발 앞서 출시했다. 발등에 불이 떨어진 조선맥주는 부랴부랴 '크라운 수퍼 드라이**Crown Super Dry**'를 출시했지만 시장에서는 후발주자에 지나지 않았다. 또다시 OB맥주에 참패당했다. 조선맥주 마니아층은 "그동안 마신 조선맥주 술이 얼마나 되는데 소비자의 기호조차 파악하지 못했느냐"며 불만을 한꺼번에 터뜨렸다.

신제품은 그렇다 해도 조선맥주의 대표 브랜드인 크라운 맥주도 시장에서 힘을 쓰지 못했다. 심지어 슈퍼마켓 시장에서의 점유율은 5% 내외로 최악의 상황이었다. 크라운 맥주를 사려고 동네 슈퍼마켓을 스무 곳이나 돌아다녀야 한 군데에 진열되어 있을 정도였다.

현장 검증 없는
제품은 비극이다

수퍼 드라이 맥주 이야기가 나온 김에 일본의 맥주 시장을 살펴보자.

제2차 세계대전 전에는 일본에 대일본맥주와 기린 맥주가 있었다. 당시에는 대일본맥주의 점유율이 70% 정도로 기린 맥주를 제치고 시장에서 리더 역할을 하고 있었다. 그러다가 1945년 일본이 연합군에 패한 후 맥아더 장군이 일본을 점령하면서 대일본맥주가 너무 거대하고 시장에서 지배적이라는 이유로 북해도에 삿포로 맥주주식회사, 남쪽에 아사히 맥주주식회사로 분할된다. 이때부터 아사히 맥주는 점유율 면에서 기린 맥주에 밀려 1960년대부터 1980년대 중반까지 경영이 악화일로를 걷게 된다. 1985년에는 기린 맥주의 점유율이 61.4%의 경이적인 기록을 달성할 때 아사히 맥주의 점유율은 9.6%까지 떨어졌다. 이대로 가면 아사히 맥주는 무너질 게 자명했다. 어찌

    일등에는 신념이 있다

보면 조선맥주와 아사히 맥주의 처지가 비슷했다.

당시 기린 맥주는 업소용 시장이 포화 상태임을 감지하고 가정용 맥주라는 새로운 시장을 개척했다. 반면 아사히 맥주는 여전히 업소용에 주력하고 있었다. 아사히 맥주는 수익을 만회하려는 자구책으로 기존의 밀어내기 식 영업과 원가절감에 힘을 쏟다가 소비자들에게 부정적 인식을 심어주고 말았다. 더욱이 맛이 좋지 않다, 재고가 쌓여서 생산한 지 오래된 맥주를 진열한다는 등의 불만이 곳곳에서 들려왔다.

이때 아사히 맥주가 꺼내든 비장의 카드는 '새로운 맛의 맥주'였다. 즉 신제품으로 새로운 시장을 만들기로 결심했다. 아사히 맥주는 소비자 관찰과 시장 조사를 통해 소비자들이 새로운 맥주를 원하고 있음을 알아챘다. 제2차 세계대전 이후 일본 국민들의 육류 소비가 증가했다. 기름기 있는 음식을 먹고 난 후 입 안에 남아 있는 끈적이는 느낌을 깔끔하게 씻어주는 맥주를 만든다면 승산이 있다고 보았다. 이렇게 해서 탄생한 것이 기존의 맥주와는 다른, 톡 쏘면서 단맛도 있고 동시에 쓴맛이 나는 '수퍼 드라이' 맥주였다.

아사히 맥주는 48년 만에 일본 맥주 시장 1위의 아성을 차지했다. 이후 아사히 맥주는 맥주의 신선도 관리에 각별히 신경을 썼다. 고품격 브랜드 이미지를 유지하는 방안으로 소매점을 순회하는 마케팅 여성사원**Marketing Lady**을 모집해 전진 배치했다. 그리고 맥주 맛이 일정 기간이 지나면 급격히 떨어진다는 점에 착안해 수퍼 드라이 맥주의 생산 연월일이 보름이 지난 것은 회수하고 새로운 것으로 교환해주는 마케팅을 전개했다. 소비자들에게 신선하고 맛있는 맥주를 공급하기 위해 비용을 아끼지 않는 회사 방침에 소비자들은 감동했다.

브랜드에도
인격이 있다

한 골프 천재가 전 세계인의 가십거리로 등장한 적이 있다. 수많은 여성 편력으로 구설수에 올라 그는 골프 황제에서 순식간에 카사노바로 전락했다. 염문설이 사실로 확인되자 스폰서들은 줄줄이 광고 계약을 파기했다. 기업 이미지가 동반 추락하는 것을 감수할 기업은 별로 없었다. 최근에는 슬럼프를 이겨내고 마스터스 대회에서 우승을 하기도 했지만 그의 이미지는 예전과 다르다.

최근 한 회사가 '사모님의 이상한 외출'로 구설수에 올랐다. 사건의 개요는 이렇다. 이 회사 회장의 아내인 윤 씨가 2002년 자신의 사위와 불륜을 저질렀다고 의심한 여대생을 청부 살해한 혐의로 무기징역을 선고받았다. 실상은 권력과 돈을 앞세워 대학병원 특실에서 호의호식하며 지내온 것으로 알려졌다. 이 회사는 여론을 잠재우기 위해 "여대생 청부 살인사건과 자사는 하등의 관계가 없다"며 호소문을 발표했지만 모두 거짓으로 들통이 났다. 분노한 시민들은 불매운동을 벌였으며, 이 회사는 기업 이미지와 매출 및 수익에 큰 타격을 입었다. 이곳에서 만드는 상품의 질에는 변화가 없다. 그런데도 소비자들은 그 제품에 대해 'NO'라고 말한다.

두 사건에서 알 수 있듯이 소비자들은 상품을 구매할 때 단순히 그 상품의 유형 또는 무형의 형태만 구매하는 것이 아니다. 그 상품이 지닌 브랜드의 이미지 가치**Brand image value**도 같이 사는 것이다. 따라서 상품의 기능이 아무리 좋아도 이미지가 나쁘면 구매하지 않는다. 사람들은 자신이 사용하고 있는 상품과 기업 이미지를 동일시하는 경향이 있기 때문이다. 그래서 같은 제품이라면 소비자들은 사회적 공헌을 하는 기업과 상품에 더 우호적인 반응을 보인다. 따라서 기업들이 많은 돈을 들여 기업이나 개별 브랜드 광고에 투자하고 사회봉사를 하는 것은 이미지를 높이고자 하는 고도의 캠페인 전략이다.

OB맥주는 1980년대 초반부터 친근한 브랜드 이미지를 구축하기 위해 적극적이고 활발한 마케팅 활동을 전개해나갔다. 1982년 OB베어스 야구단을 창단해 대중적인 기업으로 변신을 꾀했고, 88서울올림픽 공식지정맥주로 지정되면서 '국민맥주=OB맥주'라는 인식의 발판을 마련했다.

조선맥주 입장에서는 인정하고 싶지 않지만 시장에서 조선맥주는 OB맥주의 추종브랜드Following Brand 로 전락하고 말았다.

엎친 데 덮친 격으로 1991년에는 "진로 그룹에서 막강한 소주 유통력을 기반으로 맥주 시장에 진출한다", "조선맥주는 이제 회생하기 힘들다", "조선맥주가 제일제당CJ으로 인수된다" 등의 루머가 퍼지면서 회사 상황은 점점 어려워졌다.

증권거래소에 당시 회사의 총무담당 임원이 "제일제당의 조선맥주 인수설은 사실무근이다"라고 전화를 통하여 육성으로 공시할 정도였다. 한마디로 칼날이 무뎌질 때로 무뎌진 조선맥주는 시장에서 밀려나 오갈 데 없는 신세가 되고 말았다. 그야말로 풍전등화, OB맥주와 진로의 맥주 시장 진출이라는 양날의 공격에 이도 저도 못하고 전전긍긍할 뿐이었다.

사회적 이슈에
민감하라

패러다임의 변화는 기업에 좋은 기회가 된다. 변화에 잘 적응하고 도약의 발판을 마련하기 위해서는 사회적 이슈 속에서 신新성장 패러다임의 변화를 눈여겨보아야 한다. 그 안에 미래의 비전이 숨겨져 있다. 하이트 개발 상황을 예로 들어보겠다.

하이트 개발에 박차를 가하던 때 나는 콘셉트 슬로건을 검토하며 어떻게 홍보하면 효율적으로 구전 효과를 얻을 수 있을지 고심하고 있었다. 그러던 중 우연히 한 일간지에 보도된 우리나라 국민의식 조사 발표 자료를 보게 됐다. 한국 사람들이 가장 관심을 두는 분야는 정치, 경제, 사회, 문화, 환경 순이었다. 그동안 경제발전이라는 우선순위에 밀려 등한시되던 환경 분야가 드디어 국민들의 관심을 받기 시작한 것이다. 실제로도 당시 출시되는 거의 모든 상품에 바이오**Bio**나 그린**Green**이라는 단어 하나쯤은 붙어 있을 만큼 환경에 대한 중요성이 나날이 부각되고 있었다.

이 기사에서 아이디어를 얻어 환경이라는 새로운 사회적 이슈를 등에 업고 소비자에게 접근해보고자 했다. 맥주 하면 무조건 OB라는 소비자 인식이 팽배했지만 하이트만의 차별성을 인식시킬 수 있다면 승산이 있다고 판단했다.

그때까지 맥주는 저관여 상품**Low involvement product**이었다. 저관여 상품이란 구매할 때 상표의 명성이나 가격에 크게 구애받지 않는 상품을 말한다. 사람들은 맥주를 살 때 가격 측면에서 크게 고민하지 않았으며 광고에서 보았거나 평소 호감을 갖고 있던 브랜드를 선택했다. 당시 저관여 상품인 맥주는 감성광고로 접근해야 성공한다는 것이 일반적인 이론이었고, OB 역시 감성광고로 맥주 시장을 리드하고 있었다.

OB와 차별화하기 위해 맥주를 고관여 상품High involvement prod-uct으로 인식시키는 작업을 시도하기로 했다. 조직 내부와 광고대행사에서는 갈등과 반발이 대단했다. 맥주 광고를 이성적 고관여 상품으로 접근한 사례가 없는 데다가 왜 뻔히 실패가 예상되는 일을 하려고 하느냐며 극구 만류했다.

소비자 행동 모형

	고관여 상품	저관여 상품
상품의 차이가 큰 경우	• 복잡한 과정 • 브랜드 충성도	• 시험 구매 • 무작위적 행동 • 다양성 추구
상품의 차이가 없는 경우	• 구매 후 갈등에 대한 불안 감소 • 상품에 대한 근거 없는 신뢰	• 최저가 상품 구입 • 무작위적 행동 • 근거 없는 충성 • 습관적 타성

내부 조직과 광고대행사의 저항을 극복하기 위해 '환경'이라는 사회적 이슈를 내걸었다. 때마침 일어난 낙동강 페놀 사건을 기폭제로 하여 두산 그룹 상품에 대한 불매운동이 일었고, 낙동강 하류에서 취수원으로 수돗물을 공급받아 사용하는 대구 시민들의 강력한 저항

이 일었으며, 언론에서는 수돗물의 오염 여부가 국민 건강에 어떤 영향을 미치는지에 대한 기사를 쏟아냈다.

맥주가 저관여 상품이기는 해도 기존 맥주가 '오염된 강물로 만든 맥주'라고 규정하고 하이트는 이에 대응하는 환경친화적인 '지하 1500m의 100% 암반 천연수 맥주'임을 내세운다면 환경은 물론 건강을 지향하는 고품질의 고관여 상품으로 변화될 것 같았다. 시장도 한 단계 업그레이드되고, 언론의 조명을 받아 사회적 구전 효과까지 얻을 수 있을 거라 여겼다. 이를 검증하기 위해 테스트 마케팅을 실시해 성공 가능성까지 확보했다. 그러나 기존 시장은 쉽게 흔들리지 않았다.

출시한 지 8개월**5월 1일 론칭하여 그 해 12월에 100만 상자 판매 돌파** 만에 월 100만 상자라는 판매를 올렸지만, 이는 전체 시장의 8.3% 정도로 아직 갈 길이 멀었다. 출시 2년차에는 좀 더 강도를 높여 경쟁사의 약점을 정면으로 공격하기로 했다. '오염된 강물로 만든 맥주'라는 경쟁사의 단점을 부각시키기 위해 사실 관계 자료를 수집했다. 이를 바탕으로 경쟁사의 최대 약점이자 하이트의 최대 강점인 맥주 용수의 수질논쟁을 촉발시켰다. 당시 사회적 문제로 대두되고 있던 수돗물 수질논쟁과 연계해 홍보 전략도 전개했다. 그리고 광고를 통해 우리 몸의 70%, 맥주의 90%가 물로 되어 있음을 밝혀 맥주를 생산하는 데 물이 왜 중요한지, 경쟁사와 비교해 어떤 물이 더 좋은지를 부각시켰다. 하이트가 고품질이라는 이미지가 빠르고 쉽게 형성되도록 공격 포인트를 잡은 것이다.

내부에서는 여전히 갈등이 지속됐다. 종업원 수가 2만 명이 넘고 한국 그룹 랭킹 10위권 안에 드는 경쟁사를 괜히 건드려서 이제 막 소비자들의 관심을 끌기 시작한 신제품마저 경쟁사의 진입 장벽에 가로막히는 사태가 일어나면 안 된다는 반발 때문이었다.

내 생각은 달랐다. 우리가 공격을 하지 않는다고 봐줄 만큼 경쟁사가 우리에게 호의적인 건 아니었다. 맥주 시장에서 새로움을 창조해 시장을 뒤엎고 그동안 당한 서러움을 일시에 벗어던지자는 강한 일등 신념으로 시작한 만큼 경쟁사의 큰 덩치나 힘은 두려움의 대상이 되지 못했다.

1994년 2월 초 주요 일간지에 "물 하면 말 못하는 벙어리 회사가 있습니다. 물 하면 자신 있게 말하는 회사가 있습니다. 100% 암반 천연수로 만든 하이트맥주를 드십시오" 라는 벙어리 맥주 편을 게재했다. 이 광고가 나가자 경쟁사 CEO가 하이트 CEO를 만나자고 제안해 왔다. 동시에 자기네들의 자존심을 상하게 하는 광고를 중지할 것을 요청했다. 하지만 이후에도 몇 번 더 광고를 집행했다.

그러자 OB맥주 측에서 변호사를 고용해 하이트맥주의 '지하 150m의 100% 암반 천연수 맥주'라는 표현이 과장광고라며 공정거래위원회에 제소했다. 우리는 각 언론사에 이 사실을 대대적으로 알렸다. 언론사에서는 어찌된 일로 국내 맥주 시장의 70%를 차지하고 있는 OB맥주가 공정거래위원회에 제소하게 됐는지 의문을 품었으며, 이 뉴스는 일간지, 라디오, 텔레비전에 집중적으로 방송됐다.

언론의 주목을 받자 소비자들은 하이트에 폭발적인 관심을 보였다. 보통 "맥주 주세요" 하던 것도 "하이트맥주 주세요"라고 브랜드를 지목하기 시작했다. 두 달 후인 4월, 하이트는 품귀 현상을 빚었다. 완벽한 성공이었다.

chapter 03

러브마크의 신념

약자는 시장을 개척하고
강자는 시장을 지배한다

흔히 힘 있고 자금력이 풍부한 대기업이 새로운 시장을 개척할 것 같지만 그렇지 못한 것이 현실이다. 이들은 리스크를 회피하고 안정된 수익성을 보장하는 현재 시장에 안주하려 한다. 왜 대기업은 신규시장 개척에 인색할까? 첫째, 수익성이 양호한 상태이기 때문에 굳이 새로운 시장을 만들어 일을 복잡하게 만들려 하지 않는다.

둘째, 규모의 경제가 적용되지 않는 작은 시장에서는 수익성이 불투명하다고 판단해 투자를 꺼린다. 보통 중소업체가 시장을 키워 어느 정도 규모가 형성될 때까지 기다렸다가 시장이 확인되면 뛰어든다.

1995년 12월 자동차 에어컨과 부품을 전문으로 생산하던 위니아만도가 '김치냉장고 딤채'를 개발해 최초로 시장을 개척했다. 기존의 냉장고에 김치를 보관하면 김치 맛이 보존되지 않고 변해버리는 데 착안해 땅속에 묻은 김장 김치맛을 재현하자는 아이디어의 산물이었다. 딤채는 주부들의 입소문을 타며 시장에서 선풍적인 인기를 끌었고, 제품군의 대표상품으로 자리 잡았다. 이에 삼성전자와 LG전자에서도 부랴부랴 김치냉장고를 개발해 시장에 참여함으로써 급속도로 김치냉장고 시장이 확대되면서 2002년도에는 김치냉장고 가정보급률이 50%를 돌파했다.

셋째, 기업의 덩치가 커지면서 감각이 무뎌져서 기업가 정신을 망각하게 된다. 대표적으로 코닥을 들 수 있다. 코닥은 1980년대만 해도 종업원 16만 명을 거느리고, 세계 필름 시장의 3분의 2를 장악하기도 했다. 미국인들은 '코닥 모멘트'라고 하여 사진으로 남기고 싶은 인생의 소중한 순간을 "코닥의 순간"이라 할 정도였다. 이런 코닥의 몰락은 디지털 카메라의 등장으로 시작됐다. 디지털 카메라의 등장으로 점점 위기에 처한 코닥은 뒤늦게 상업용 및 개인용 프린터 부문 투자로 사업다각화에 나섰지만 경영 정상화에는 역부족이었다. 그런데 아이러니하게도 디지털 카메라를 처음 개발한 사람은 코닥의 엔지니어였다고 한다. 1975년에 디지털 카메라를 발명하고도 투자와 연구를 미루다 디지털 시장에서 도태된 것이다. 주력업종을 스스로 잡아먹는 신제품을 출시할 이유가 없다는 안이한 판단이 결국 131년 기업을 몰락시키고 말았다.

비지니스 전략은 생존이다. 이를 위해서는 경쟁에서 이겨야 한다. 그러려면 무엇보다 경쟁사를 잘 알아야 한다. 잭 트라우트**Jack Trout**가 쓴 《잭 트라우트, 비즈니스 전략》을 보면 '성공을 거두고 싶다면 경쟁사 지향적이어야 한다'는 말이 나온다. 이 말은 경쟁사의 위치에서 약점을 찾아내 그것을 공략하라는 것이다. 그 방법은 4가지 측면에서 찾아볼 수 있다.

첫째, 방어적 전략이다. 리더의 위치에 있는 회사들이 주로 택하는 방법이다. 대표적인 기업으로 질레트 **Gillette** 가 있다. 질레트는 공격이 최선의 수비라 여기고 양날 면도기 아트라, 충격 흡수 면도기 센서, 3중 면도날 면도기 마하3를 잇따라 내놓음으로써 경쟁자의 전의를 무너뜨렸다. 그 결과 질레트는 면도날 시장의 60%를 차지하고 있다.

둘째, 공격적 전략이다. 2위나 3위 회사들이 주로 사용하는 방법이다. 리더의 강점을 피하고 약점에 초점을 맞추는 것이다. 파파존스 **Papa John's** 피자는 피자헛의 허점인 재료의 부실함을 공격한다. 가장 좋은 토마토소스를 만들었고, 물도 정수해서 사용한다. 슬로건도 "더 좋은 재료, 더 좋은 피자"다.

셋째, 측면 전략이다. 해당 카테고리에서 새로운 거점을 만들려는 신생기업이 주로 쓰는 방법이다. 골프 업계에서 일반 기업은 드라이버, 아이언, 퍼터 등에 초점을 맞추는 데 비해 아담스Adams 골프는 새로운 곳에 초점을 맞추었다. 바로 페어웨이 우드다. 그들은 잔디가 별로 없는 딱딱한 지점에 떨어진 볼을 해결하기 위해 페어웨이 우드를 판판한 모양으로 디자인했다.

2012년 하이트진로음료에서 출시한 '하이트제로0.00'도 여기에 해당한다. 맥주의 맛은 살리고 칼로리는 낮춘 무알코올 음료로 출시한 지 100일 만에 판매량이 200만 캔을 넘었다. 하이트맥주는 주폭 문제가 언론에 자주 오르내리면서 음주단속이 강화되고, 저알코올 혹은 무알코올 음료에 대한 소비자들이 관심이 늘어나는 국내 주류 소비 트렌드 변화에 주목했다. 이를 해결하기 위해 일반음료 시장에 도전해 좋은 반응을 얻었다.

넷째, 게릴라전이다. 소규모 회사들의 방식으로 말 그대로 치고 빠지는 작전이다. 성공하더라도 오래 머물지 않는 것이 핵심이다.

불황이 심해지면서 기업마다 마케팅 전략에 대해 골머리를 앓고 있다. 어떤 전략을 선택하더라도 소비자들에게 사랑받기 위해서는 초점이 명확해야 한다. 다른 회사 제품을 제쳐놓고 우리 회사 제품을 사랑할 수밖에 없는 이유를 명확하게 설명할 수 있어야 살아남을 수 있다.

브랜드의 수명은
이미지가 결정한다

브랜드는 단순히 상품을 식별하기 위해 생겨났다고 한다. 브랜드 탄생 스토리를 살펴보자. 몇몇 대장장이들이 연장을 만들었는데 거리가 멀고 교통이 불편하다는 이유로 도매상이 이들이 만든 연장을 거둬다가 한꺼번에 시장에서 팔았다.

그러다 보니 열심히 잘 만드는 대장장이와 대충 만드는 대장장이가 구별되지 않았다. 이후 스미스라는 대장장이가 자신만의 기술로 만든 물건에 '스미스Smith'라는 표식을 남겼고, 이 상품에 만족한 소비자들은 도매상에서 '스미스'라는 표식을 확인하고 물건을 사가게 됐다.

이것이 브랜드의 시작이다. 이렇듯 품질의 우수성을 인정받은 '스미스' 대장간은 대량으로 생산해야 할 정도로 주문이 쇄도하게 되어 브랜드의 산업화가 시작됐다. 그러나 대량생산은 이전의 수작업보다 품질을 보장할 수 없게 됐다. 구입할 수 있는 물건의 수량은 많아졌지만 장인이 하나하나 눈으로 확인하며 꼼꼼하게 만든 것보다는 완성도가 떨어지다 보니 소비자들은 점점 등을 돌리게 됐다. 결국 주문량이 줄어 경영에 어려움을 겪게 되자, 이때부터 브랜드에 품질관리Quality Control 개념이 도입됐다.

이로써 균일화된 품질로 대량생산이 가능하게 되면서 가격은 낮아지고, 가격경쟁력으로 소비가 늘면서 산업화를 통한 자동화로 공급 과잉 상태가 됐다. 그리고 공급 과잉에 대한 타개책으로 소비 촉진을 위한 상품 브랜드를 알리는 광고가 시작되었다.

이렇게 시작된 브랜드는 오늘날 단순히 상품을 알리는 수준을 넘어서고 있다. 브랜드에 생명력과 혼을 불어넣는 의인화 작업을 통해 이제는 우리와 함께 살아가는 동반자적 지위에 올라섰다.

브랜드는 마치 사람과 같다. 갓난아이처럼 낯가림을 하고 밤잠을 설치며 대소변도 못 가리는 등 마케터의 애를 태운다. 감기 같은 유행병에 걸리기도 하며 어느덧 성장하여 시장 점유율이 6% 정도 되면 홀로 생존할 수 있게 된다. 또 점유율이 8~9%가 되면 친구들과 힘을 키우며 골목대장을 하려 한다. 특정 지역에서 차지하는 점유율이 10~15%에 이르면 아이가 청소년기에 접어들어 사춘기를 맞이하는 것과 같다. 이때 브랜드 평면화Plate 현상이 일어나는데, 제프리 무어 **Geoffrey Moore** 박사는 이를 조기 수용층과 조기 다수층 사이의 가치관 차이로 발생하는 캐즘Chasm 이론이라 했다.

이 고비를 어떻게 넘기느냐가 그 브랜드의 성장 가능성을 결정한다. 많은 브랜드가 이 시점에 성장통을 겪으며 사라지는 경우가 많다.

이 현상을 잘 극복한 브랜드는 20%까지 성장한다. 이때는 여러 곳에서 견제를 받기도 하고 화제의 주인공이 되기도 한다. 이로써 성년기에 접어든 브랜드는 자기의 길을 홀로 가야 한다. 취업을 하여 집 안에 보탬이 되듯 수익성을 챙겨야 한다. 시장 점유율이 30%에 이르면 결혼을 하고 자식을 낳듯 다음 세대를 준비해야 한다. 동시에 외모를 꾸미고 성형도 감수해야만 아름다움과 새로움을 유지할 수 있다.

20~30대에 자신을 가꾸고 투자해야 건강하고 활력 넘치는 50~60대를 살 수 있듯이 아무리 인기 많고 수익성 좋은 브랜드라 해도 현실에 안주해 관리하지 않으면 신선함을 잃고 소비자들로부터 구식이고 진부하다는 평가를 받다가 소리 소문 없이 사라지게 된다. 이것이 브랜드의 일생 **Brand Life Cycle** 이다.

노후화된 브랜드를 다시 젊게 만드는 것은 지진이 잦은 지역에 세워진 수백 년 된 건물을 복구하고 관리하는 것만큼 힘들다. 자기가 설사 잘못 알고 있는 지식이라도 그것이 누구나 인정할 만한 내용이 아니고는 쉽게 바꾸려들지 않으려는 것처럼 소비자들의 고착된 인식을 바꾸기가 어렵기 때문이다.

기업이 지속 성장을 하는 데는 한두 가지만 잘된다고 되는 건 아니다. 기업 안팎으로 모든 것이 톱니바퀴처럼 잘 맞물려야 한다. 그중에서도 전사적으로 브랜드를 어떻게 관리하느냐가 매우 중요하다.

'기업=매출'이라 할 정도로 기업이 잘 커나가고 건실하게 유지되려면, 좋은 상품을 많이 팔아 이윤을 극대화해야 한다. 판매가 잘 이루어지려면 상품이 소비자들의 머릿속에서 경쟁사의 제품과 차별되게 인식되어야 하는데, 이때 브랜드라는 이미지 형태로 저장된다.

소비자들의 뇌리에 확실하게 자리를 잡은 브랜드 이미지는 불경기에 그 힘을 발휘한다. 소비자들은 가계 경제가 여의치 않음을 고려해 검증된 일등 브랜드를 구매하려는 성향을 보인다. 따라서 특정 분야나 특정 지역에서 일등 브랜드로 자리매김하는 것이 매우 중요하다. 코카콜라, BMW, 하이네켄, 아이폰, 삼성, 도요타, 루이비통LOUIS VUITTON 같은 기업이 세계적인 명성을 얻게 된 데는 품질이 좋은 상품을 만들어 높은 매출을 올렸을 뿐만 아니라 소비자들이 이들 브랜드에 대해 긍정적인 이미지를 갖도록 오랜 기간 투자하고 각고의 노력과 사랑을 쏟은 덕분이다.

연애하는 마음으로 브랜드를 다룬다

집에서 사랑받는 아이가 밖에 나가서도 사랑받듯이 내부 고객의 사랑과 관심을 듬뿍 받은 브랜드는 고객들이 알아서 아끼고 애정을 쏟아 붓는다.

시애틀의 어느 길모퉁에 '엘 에스프레소L. Espresso'라는 작은 커피집이 있다. 커피의 도시라 불리는 미국 시애틀에서 스타벅스, 커피빈티리프Coffeebean Tealeaf와 같은 기업형 커피 체인과 경쟁을 해야 함에도 20년이 넘도록 비가 오나 눈이 오나 그곳의 커피를 마시려고 줄 서서 기다리는 손님들로 북적댄다. 커피 경쟁이 치열한 시애틀 시내에서 '시애틀 최고의 커피'라는 명성을 얻고 있다.

이 커피집의 이야기를 담은《작은 커피집》은 평범한 것 같으면서도 특별한 엘 에스프레소의 성공 비결을 소개하고 있다. 그 핵심은 '4P로 승부하라'는 것이다. 4P란 열정Passion과 사람People, 친밀함Personal, 제품Product이다.

이곳이 사람들의 사랑을 받는지는 '사람'으로 알 수 있다. 이 회사는 특히 직원을 채용하는 데 열정을 가장 중요하게 여긴다. 커피 만드는 기술은 그 다음이다. 직원들 중 상당수가 가게에 드나들던 손님이다. 그들은 커피를 좋아하고, 회사의 가치관에 동의하는 사람들이었기 때문이다. 당연히 회사와 커피에 대한 애정이 대단하다.

열정이 연료라면 직원은 엔진이다. 사람의 중요성은 아무리 강조해도 지나치지 않다. 자신이 하는 일을 좋아하고 즐기면 회사에 대한 충성심은 자연히 따라온다. 충성심이 있는 직원은 더 좋은 제품과 서비스를 제공함으로써 더 많은 고객을 끌어들인다.

엘 에스프레소처럼 성공한 브랜드는 소비자에게 사랑받을 뿐만 아니라 회사의 내부 구성원들에게서도 사랑받는다. 그동안 기업들은 자사의 브랜드를 소비자에게 잘 홍보하면 된다는 식의 외부 지향적이면서도 조금은 맹목적인 브랜드 관리 문화에 젖어 있었다. 그러나 브랜드는 단순히 소비자에게 전달되는 현상 그 자체만을 놓고 바라봐서는 안 된다.

브랜드는 원료 구입 단계부터 정성과 관심을 쏟아야 하며 제조 과정에 기업의 혼과 정신이 깃들어야 비로소 위대한 가치가 형성된다. 즉 내부 고객이 브랜드를 어떻게 여기고 다루느냐에 따라 고객의 태도나 가치도 달라진다.

세계적인 명품 브랜드 루이비통도 집에서 많은 사랑을 받고 있다. 루이비통 매장 직원들은 제품을 다룰 때 손에 면장갑을 끼며, 먼지를 털 때는 상품에 손상이 가지 않도록 솔을 사용한다. 고객이 맨손으로 제품을 만져보려고 하면 면장갑을 주면서 소중히 다루도록 한다. 또 일대일 상담 제도를 운영해 루이비통이 오로지 고객 한 사람만을 위해 존재하는 듯 최고로 대접한다.

구설수에 휘말린
제품은 오래갈 수 없다

사람이나 기업이나 구설수에 휘말리면 되던 일도 안 된다. 긍정적인 기사나 소문은 확산 속도가 느리지만, 부정적인 기사나 소문은 삽시간에 걷잡을 수 없이 퍼져나가 조직을 곤혹스럽게 만든다. 특히 트위터나 페이스북 등 소셜네트워크서비스**SNS**를 통해 동시다발적으로 퍼져나갈 경우, 회사가 휘청거릴 수도 있다.

참이슬fresh를 성공시킨 후 탄력이 붙으면서 후속 상품으로 '진로 J제이'를 출시했다. 마른하늘에 날벼락이라고 출시한 지 얼마 되지 않아 조선일보의 경제면에 "진로 J, 일본 제품을 베낀 짝퉁논란에 휩싸였다"라는 헤드라인으로 기사가 실렸다.

한마디로 억울했다. 진로 J의 J는 진로**JINRO**, 젊음**Junior**, 즐거움**Joy**, 만남**Join**을 뜻하는 것으로 병 모양도 신세대를 겨냥해 기존의 소주병보다 슬림하게 디자인했고, 라벨은 브랜드명인 J를 자연스러운 붓글씨의 물 번짐 이미지로 표현해 수묵화의 멋을 냈다. 진로 J는 참이슬fresh 후속 브랜드로 성장시키겠다는 목표로 많은 투자가 이루어진 만큼 처음부터 전문 브랜딩 업체에 의뢰했다. 표절시비가 붙을 거라고는 상상도 하지 못했다.

출시 직전 사전 시음 테스팅을 해본 결과 소비자들로부터 진로 J의 품질이 좋다는 평가를 받아 고무됐었다. 하지만 진로 J와 일본 다카라 주조에서 출시한 소주 브랜드 재팬**JAPAN**의 사진이 실린 기사 하나로 진로 J는 출시와 동시에 퇴출되고 말았다. 신문 기사뿐만 아니라

　　　　　　　　　일등에는 신념이 있다

루머에도 기업과 브랜드 이미지는 이렇게 큰 타격을 입는다.

2006년 진로의 참眞이슬露은 두산주류BG에서 전기분해한 알칼리 환원수로 만든 '처음처럼'의 출시로 일시적이나마 위협을 받았다. 즉각적인 조치가 필요했다. 처음처럼의 기세를 꺾을 구원투수로 임명된 나는 진로 마케팅 책임자로 발령을 받았다.

두산주류BG에서 처음처럼을 출시한 데는 일반인들이 모르는 이야기가 숨어 있다. 하이트맥주가 진로를 인수할 당시 진로에서 영업 마케팅 본부장으로 근무하던 부사장이 두산주류BG 사장으로 스카우트됐다. 그는 이적하면서 진로 마케팅 직원 10여 명도 함께 두산주류BG로 데리고 갔다. 진로에서 신제품 개발과 홍보 마케팅을 담당하며 잔뼈가 굵은 그들은 진로의 약점과 소주업계의 속성을 누구보다도 잘 간파하고 있었다. 문제는 그들이 처음처럼을 시장에 출시하면서 품질이나 맛으로 승부한 게 아니라는 점이다. 그들도 진로를 음해하는 루머를 전파하는 스캔들 전술로 전장에 뛰어들었다. 당시 국민소주로 불리던 진로를 이길 방안을 도저히 찾아내지 못한 그들은 소비자들의 배신감을 부추기는 작전을 펼쳤다.

그들은 이벤트 대행업체에 외주를 준 후 남녀 2인 1조로 팀을 만들어 강남과 대학로, 홍대 부근, 여의도 등 식당 밀집 지역에 배치시켰다. 그리고 참이슬fresh를 마시는 손님에게 접근해 간단한 판촉물을 주거나 처음처럼 소주를 권하면서 "진로의 참眞이슬露은 일본 자본에 팔렸습니다. 진로의 사장은 일본 사람입니다. 우리나라의 국민소주는 '처음처럼'입니다. 진로 사장이 두산으로 옮겨 '처음처럼'을 만들었습니다"라는 희괴한 소문을 퍼트렸다. 하이트맥주가 진로를 인수했다는 사실을 아는 소비자가 많지 않다는 점을 악용한 것이다.

이 소식을 접한 필자는 마케팅 직원과 함께 현장으로 갔다. 이벤트 직원의 불법 행위를 적발한 우리는 사건 전말에 대한 증언을 녹음기로 녹취한 후 경찰서에 신고했다. 그런 다음 내용을 공증했고 변호사에 의뢰하여 서울중앙지검에 고발했다. 마지막으로 언론에 진실을 발표했다. 경쟁사는 더는 그런 파렴치한 짓을 할 수 없게 됐다.

그러나 '진로의 일본 자본설'을 잠재우는 데는 한계가 있었다. 소비자의 머릿속에 각인된 내용Fact은 쉽게 지워지지 않았다. 괴소문을 진실로 믿은 소비자들은 국민소주 진로가 법정관리에서 하루빨리 탈출하라고 한 병씩 더 마셔가며 애써 살려줬더니 우리나라 국토인 독도를 호시탐탐 노리는 일본에게 팔아넘겼다며 분개했다. 진로는 어느새 나라를 판 매국노 신세가 되었다. 진로 브랜드에 대한 관심은 어느새 애증으로 변했다. 평생 진로를 마셨는데 이제는 절대 입에도 대지 않겠노라 괘씸해하는 사람들도 꽤 많았다.

당시 이 괴소문이 진로의 참이슬fresh 판매에 얼마나 영향을 미쳤는지를 정확하게 파악하기 위해 수도권 거주자 중 20세 이상 남녀 300명을 인구 표본에 따라 랜덤샘플링Random Sampling 방식으로 조사

  일등에는 신념이 있다

했다.

그 결과 "진로의 참眞이슬露이 일본에 팔렸다는 소문을 들어본 적이 있다"는 사람이 40%, "이를 사실로 믿는다"는 사람이 20%에 달했다. 그 중에서 "일본 자본의 소주라고 믿는 사람"이 70%로 전체 조사자의 14%가 절대로 참眞이슬露 뿐만 아니라 참이슬fresh까지도 마시지 않겠다고 대답했다.

이후 이런 끔찍한 오해를 바로잡기 위해 일간지에 광고와 기사를 내고 제품 백라벨Back label에는 진로의 주주 구성표를 인쇄해 부착해 홍보했다. 그러나 이를 바로잡는 데는 엄청나게 많은 비용과 시간이 들었다.

왜 건배 제의를 하는 걸까?

1990년대 초반, 명동에 극장식 나이트클럽인 '초원의 집'과 '무랑루즈'가 있었다. 이 두 클럽은 서울 시내에서 가장 인기가 많은 곳으로 언제나 손님들로 북적거렸다. 규모 또한 어마어마했는데 수용 인원이 한 번에 2,000명에 이를 정도였다.

지금은 고인이 된 코미디언 이주일 씨는 이곳에 단골로 출연했다. 당시 그의 인기가 얼마나 좋았는지, 그가 무대에 등장해 익살스러운 특유의 춤 동작 하나만 선보여도 손님들은 너 나 할 것 없이 모두 하나가 되어 박장대소를 하며 아낌없는 박수를 보냈다.

그가 행사 도중에 관객들을 향해 "신사 숙녀 여러분 즐거우시죠! 그럼 잔을 가득 채우고 우리 건배합시다"라고 외치면 한 번에 2,000잔의 맥주가 소비됐다. 나이트클럽 손님들은 흥겨움에 취해 맥주를 시원하게 들이켰다.

여기서 잠깐. 이때 클럽 사장의 계산기는 빠르게 움직였다. 유명한 코미디언이 건배를 외치는 순간 맥주가 600병, 즉 20박스가 한 번

에 소비되니 순식간에 180만 원병당 3,000원의 매출이 발생하기 때문이
다. 입이 쩍 벌어지는 수치다.

　이렇듯 이주일 씨가 관객들을 향해 맥주를 몇 번 권하느냐에 따
라 그날의 매상이 좌우됐기에 여기저기서 그를 모셔가기 위한 첩보
작전이 펼쳐졌다고 한다. 이런 까닭에 그의 출연료는 엄청 높았다고
한다.

에 소비되니 순식간에 180만 원병당 3,000원의 매출이 발생하기 때문

PART 2

마케팅은 예리하게

　　어릴 적에 할아버지가 숫돌에 칼 가는 것을 보고 따라 해본 적이 있다. 그런데 할아버지의 칼날과 나의 칼날은 비교가 불가능했다.

　　돌이켜보면 이유는 간단하다. 마음만 앞서 흉내 내기에 급급했던 나와 달리 할아버지는 그 경지에 이를 때까지 수없이 반복하고 시행착오를 거쳤다. 할아버지가 갈아놓은 칼날은 좋은 재료와 아울러 좋은 기술, 좋은 숫돌, 칼 가는 사람의 혼이 하나되어 만들어진 작품이었다.

chapter 04

자존심의 신념

영업사원은
회사의 얼굴

1992년경 크라운 맥주의 시장 점유율이 28%로 하락하자, 영업팀에서는 브랜드가 없는 쥐약을 팔면 팔았지 크라운 맥주는 정말이지 영업하기 힘들다고 아우성이었다. 종합주류 도매상이나 생맥주집에서조차 자금이나 간판 등 특별한 지원이 없는 한 크라운 맥주는 취급하려 들지 않았다.

심지어 어떤 도매점 사장은 크라운 맥주 지점장과 점심 약속을 해놓고도 경쟁사 사원이 방문하면 그와 점심을 먹으러 나갔다. 지점장과의 약속은 헌신짝처럼 버려졌다. 이렇게 크라운 맥주 지점장도 홀대를 받는데 말단 영업사원은 어떤 대우를 받았을 지 빤하다.

시장에서 영업사원의 인격은 회사의 시장 가치와 동일하게 여겨진다. 회사의 시장 가치가 추락하거나 지명도가 낮은 회사에 다니는 영업사원은 명문대학을 나왔든 집안배경이 좋든 안 좋든 홀대를 받는다. 반대로 지명도가 높은 회사에 다니는 영업사원은 삼류대학을 나왔더라도 대접을 받는다.

잘나가는 경쟁사 직원이 실수를 하면 거래처 사장은 "사람이 실수할 수도 있지" 하면서 대수롭지 않게 넘어갔다. 하지만 크라운 맥주 직원이 실수를 하면 "너희가 하는 게 그렇지 뭐, 도대체 잘하는 게 뭐가 있냐. 그러니까 매번 그 모양이지"라면서 면전에 대놓고 핀잔을 주는가 하면, "실력이 없으면 일등이 하는 대로 따라서라도 해봐라"라는 말도 스스럼없이 내뱉었다.

나도 도매상으로부터 수많은 서러움을 당했다. 하이트를 개발할 당시 소비자 의견을 수렴하고 시장 동향도 파악할 겸 해서 도매점 사장들을 만나기 위해 지방으로 돌아다녔다. 그때 도매점 사장들로부터 비난 섞인 충고를 들으면서 한마디도 대꾸하지 못했다. 그게 현실이었다.

"조선맥주는 왜 번번이 OB맥주에 끌려다니냐. 제대로 된 전략 하나 없이 매번 팔아 달라고만 하냐. 우리도 어렵다. 도매상에 매달리는 것도 한두 번이지. 2차 거래선이나 소비자가 크라운 맥주를 찾아

야 우리도 팔아주지 않겠냐. 대대적으로 소비자 판촉을 하든 2차 거
래선을 상대로 판촉 전략을 수립하든 해서 크라운 맥주를 찾도록 해
라. 그런 다음에 도매상에게 부탁해라.”

창고를 직접 보여주는 도매점 사장도 있었다.

“하도 안 팔리니까 크라운 맥주가 이렇게 창고에 처박혀 있잖아
요. 유통기한 때문에 본사에 교환이나 반품을 요청해야 할 형편이에
요.”

상황이 이러하니 거래처를 방문하는 게 여간 고역이 아니었다.
얼굴에 철판이라도 깔아야 할 판이었다. 이런저런 핑계를 대며 거래
처 방문을 뜸하게 하다 보니 거래처와의 소통은 점점 단절됐고 시장
정보에도 둔해졌다. 시장을 역전시킨다는 건 꿈도 꾸지 못했다.

사표를 품고 추진하는
‘기필코 정신’

크라운 맥주의 시장 점유율이 1980년대 초부터 매년 1~2%씩 하락하
더니 1992년도 초에는 28%까지 하락했다. 엎친 데 덮친 격으로 진로
에서 맥주 산업에 진출한다는 소문이 돌면서 향후 크라운 맥주의 시

장 점유율이 10% 넘게 떨어질 것이라는 자조 섞인 말들이 횡행했다.

영등포에 소재한 조선맥주 본사 2층에 있는 영업부 사무실은 알싸한 공기가 가득하고 회사 분위기는 침체되어 적막감이 감돌았다. 저녁 퇴근 무렵 필자는 부장에게 개인 면담을 요청했다. 조선맥주의 역사와 함께한 우리는 돌파구를 찾기 위해 의기투합했다. 그때 우리는 회사의 미래가 보장된다면 어떤 일이든 할 준비가 되어 있었다.

"환자가 이래도 죽고 저래도 죽을병에 걸렸다면 수술이라도 한 번 받아보고 죽어야 억울하지 않을 겁니다. 필요하다면 외부 전문가의 진단도 받고 마케팅 자문도 받읍시다. 혁신적인 제품을 만들어 한 번 멋지게 싸워봅시다. 안 되면 책임지고 사표를 씁시다. 그러면 후회는 없겠죠."

그 후로 나는 사표를 몇 번 썼지만 인사과에 직접 제출한 것은 두 번이다. 처음 사표를 낸 건 1995년, 하이트가 폭발적인 인기로 품귀 현상을 빚고 있을 때다. 도매점과 소매점에서 추가 주문이 끊이지 않아 절로 즐거운 비명이 나왔다. 오죽했으면 주요 일간지에 이렇게 전면광고를 내보냈을까.

"소비자 여러분 감사합니다. 그리고 죄송합니다. 3개월만 기다려주시면 하이트를 부족하지 않게 공급하겠습니다."

전주 공장을 철야로 풀가동하는데도 절대량이 부족했다. 한시가 급했다. 고민 끝에 대안으로 마산 공장을 리모델링하기로 결정

  일등에는 신념이 있다

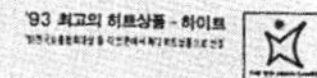

이례적인 품귀 현상을 빚은 하이트

했다. 기존의 맥주 제조 방식인 열처리 공법 대신 비열처리 방식인 **MCF**Micro Ceramic Filtering 공법을 사용하는 설비로 긴급 교체하는 작업이 진행됐다. 그 와중에 생맥주집에서도 품귀 현상이 벌어져 도매점 사장들이 직접 용달차를 몰고와 물건을 달라고 아우성이었다.

특단의 조치가 필요했지만 뾰족한 답이 나오지 않았다. 그때 영등포 공장에서 생맥주를 생산하면 어떨까 싶었다. 당시 영등포 공장은 수도권재정비법에 따라 이전이 결정된 상태로 제3의 장소를 물색하고 있었다. 하지만 문제가 있었다. 그곳에서는 지하 150m에서 뽑아 올린 100% 암반 천연수를 구할 수 없으니 하이트를 생산하는 게 불가능했다. 그렇다고 조만간 이전하게 될 공장에 무리하게 설비 투자를 할 수도 없고, 예전처럼 소비자들에게 인식이 좋지 않은 크라운 생맥주를 생산할 수도 없어 무척 난감했다.

영등포 공장을 활용하는 다양한 방안이 논의되던 중에 새로운 전략을 세웠다. 왜 그 생각을 못했을까. '하이트의 후광효과**Halo-effect**를 이용해 새로운 생맥주 브랜드를 출시하자'. 그래서 탄생한 생맥주가 'Live生 by Hite'이다.

이 일은 일사천리로 진행됐다. 최종 승인이 나자마자 나는 영등포 공장으로 달려갔다. 이럴 수가! 공장장은 이전 예정인 공장에 설비 투자가 웬 말이냐며 신규 브랜드의 생산이 불가하다는 입장을 완강하게 표명했다. 나는 물러서지 않고 공장장을 설득했다.

"생맥주 공급이 원활하지 못한 상황이 지속된다면 소비자들의 불신이 커질 겁니다. 장기적인 측면에서 설비 투자했다가 제3 공장으로 이전하면 되지 않습니까."

그러자 공장장은 안전을 위해 앞부분을 쇠로 감싼 안전화를 신은 채로 내 정강이와 옆구리를 걷어찼다.

"CEO만 믿고 젊은 놈이 너무 나대네."

나는 공장장의 연이은 공격을 피하려다 기계의 뾰족한 모서리에 부딪쳐 상처를 입고 말았다. 상처에서 피가 나는데도 공장장은 미안한 내색은커녕 계속해서 핏대를 올렸다.

서글픈 마음에 울컥했다. 이렇게 비인간적인 회사에 더는 다니고 싶지 않았다. 사무실로 돌아와 사표를 제출했다. 잠시 후 인사 담당 직원이 나를 찾아와 그 이유를 물었고, 나는 그간의 사정을 설명했다. 며칠 후 그 소식을 접한 부사장이 중재에 나섰고, 공장장은 정중하게 내게 사과했다. 1차 사표 사건은 일단락됐다. 덕분에 그날 이후 'Live生 by Hite'는 신속하면서도 순조롭게 생산됐다.

그 일이 있은 후로 사표를 항상 호주머니에 넣어두고 다녔다. '지금 이 순간 하던 일을 그만두고 조직을 떠나야 할 정도로 고통스러운가.' 하늘은 스스로 돕는 자를 돕는다고 했다. 사람이 해결하지 못할 일은 없다. 반드시 실마리가 있게 마련이다. 기어코 그 일을 끝내겠다는 신념과 의지만 있으면 실마리를 찾아내서 모든 것을 한꺼번에 풀

수도 있다. 즉 신념과 의지는 숨을 헐떡이게 하는 험한 언덕길에서도 절대 지치지 않고 한 발 앞으로 내딛게 하는 성과 엔진이 될 것이다.

경쟁사의 자존심을
무너뜨린다

사활을 걸고 경쟁사와 한판 승부를 펼칠 때 잘못 대처했다가는 낭패를 볼 수 있다. 이런 우를 범하지 않기 위해서는 평소 경쟁사의 약점을 면밀히 파악해두었다가 위기의 순간에 반격 카드로 활용해야 한다.

내가 하이트의 마케팅을 진행하면서 빼먹지 않고 주기적으로 체크한 것 중에 하나가 경쟁사의 정보다. 경쟁사와 관련된 수많은 정성적·정량적 데이터, 경쟁사의 사보와 연보, 경쟁사 공장 인근 주민들의 여론, 경쟁사 내부의 불만 세력이 제공하는 약점, 두산주류BG의 기술적 우호기업인 일본 기린사의 광고대행사, OB맥주를 인수한 인터브루Interbrew, 벨기에 맥주회사 본사의 연간보고서까지 국내외의 모든 정보를 파악해 경쟁사의 동향을 파악함으로써 그들의 향후 거취를 예측했다. 경쟁사가 어떤 행동을 취하더라도 맞대응할 수 있는 만반의 준비를 한 것이다.

일등에는 신념이 있다

그러던 어느 날 대검찰청 중앙수사부에서 하이트맥주를 상대로 고소가 들어왔다며 출두하라는 연락이 왔다. 경쟁사의 음해로 추정되는 사건이었다. 고소의 요지는 이랬다. 하이트의 '지하 150m의 100% 암반 천연수'는 허위·과장 광고로 소비자를 현혹하고 있다는 것과 관련기관에 로비를 했다는 것이었다.

하이트가 성공하면 경쟁사에서 지하수 깊이에 대해 공격할 것이라는 시나리오를 미리 염두에 둔 우리의 예상이 적중했다. 사실 하이트가 출시되기 전에 지하 150m 우물의 깊이에 대해 객관적 공인을 받아두려고 했다.

우선 관할관청을 방문해 문의한 결과, 국가에서는 개인회사의 우물의 깊이를 공인해줄 수 없다는 것이었다. 한국지하수학회와 사단법인 한국지하수보전협의회 등 관련 전문가들을 방문해 자문을 받으려 했으나 비슷한 이유로 거절당했다. 중요한 것은 개인 땅에 개인이 판 우물이 먹는 물 관리법에 맞으면 그뿐이지 깊이가 무슨 상관이냐는 식이었다. 하지만 우리 회사 입장에서는 중요했다. 도저히 공인받을 방법을 찾지 못했다 해서, 회사는 시공업체 사장로부터 우물을 시공할 때 정확히 도면대로 우물을 파 내려갔다는 확인 문서를 받아놓는 선에서 마무리했다. 혹시나 모를 경쟁사의 공격에 대비한 것이다. 이를 증거 자료로 첨부했다.

증거 자료를 제출하면 조사가 마무리될 줄 알았는데 다음 날까지 조사가 이어졌다. 이대로 가다가는 우리 회사가 점점 불리해질 것 같았다. 이제 비장의 카드를 꺼내야 할 시점이었다. 경쟁사의 약점을 모아둔 한 뭉치의 서류를 제출하면서 그간 있었던 일들을 간단하게 브리핑했다. 요약하면 다음과 같다.

경쟁사에서 발행한《두산 70년사 사보 상권》을 보면, OB맥주 이천 공장은 유황온천 지역에 있어 남한강 상류에서 취수해 17km떨어진 공장까지 배관으로 끌어온 물을 정수해 맥주를 만든다고 되어 있다. 당연한 조치다. 맥주의 천적으로 유황 성분과 철 성분을 꼽는다. 그 이유는 유황이 맥주 성분과 결합하면 아황산가스SO_2가 생겨 자극적인 냄새가 나고, 철분이 산화되면 쇠 맛이 나서 마실 수 없다.

사보 기사가 사실인지를 확인하기 위해 당시 이천군청 환경과에 문의한 결과, 기업 기밀이라 확인해줄 수는 없으나 두산 사보에 그렇게 나와 있다면 맞는 것으로 봐야 하지 않겠냐는 원론적인 답변을 내놓았다.

직접 OB맥주 이천 공장으로 갔다. 주변 환경을 살펴보니 심각했다. 이천 공장에서 끌어다 쓰는 남한강 상류의 수질이 1970년대에는 깨끗했다. 하지만 20년이 지난 1990년대 중반에는 개발붐이 일어난 데다 상류지역에 소·돼지 축사가 밀집되어 있어 수질이 좋지 않았다. 게다가 OB맥주 이천 공장의 취수정**땅속의 물을 끌어올리기 위해 만든 우**물이 있는 남한강 강바닥에서 상류 쪽으로 2km 떨어진 곳에 여주군청 분뇨처리장이 가동되고 있었다. 그곳에서 분뇨를 처리하고 흘러보낸 물이 이천 공장의 취수정 방향으로 흘러가고 있었다.

경쟁사의 경계가 허술한 휴일을 골라 후배 직원과 여주로 향했다. 여주군청 분뇨처리장과 남한강 상류의 취수정 전경까지 촬영해 증거를 확보했다. 상황이 이러한데도 OB맥주 이천 공장은 국가로부터 환경관리 대상을 받았으며, 두산 그룹은 이곳을 친환경 공장으로 홍보하고 있었다.

나는 대검찰청 중앙수사부 조사관에게 과연 누가 수질 논쟁의 대상인지 따져보자고 했다. 두 달 후에 OB맥주의 마케팅 부장과 상무도 대검찰청 중앙수사부에 소환되어 조사를 받았다. 이로써 '100% 암반 천연수' 관련 논쟁은 일단락됐다. 아마도 미리 치밀한 대응 전략을 마련해두지 않았다면 우리만 일방적으로 당하고 말았을 것이다.

일등이 되려면
일등과 놀아야 한다

오늘날 기업들은 전쟁이나 다름없는 치열한 경쟁에서 살아남기 위해 다양한 전략과 마케팅을 구사하고 있다. 란체스터 전략Lanchester

strategy에 따르면, 과점시장에서 3사가 경쟁하게 되면 점유율이 7 : 2 : 1로 수렴된다고 한다. 국내 자동차 시장을 봐도 현대자동차가 70%, 기아자동차가 20%, 나머지 한국GM과 쌍용자동차가 합해서 10%를 차지하고 있다.

시장 규모가 총 3조 원에 이르는 국내 소주 시장은 10개사가 경쟁하고 있다. 수도권에서 '참이슬'은 70%, '처음처럼'이 30% 정도 점유하고 있다. 대구·경북에서는 금복주의 '참소주'가 70%, '참이슬'이 30%를 차지한다. 광주·전남은 보해의 '잎새주'가 75%, '참이슬'이 25%를 차지한다. 약간의 오차가 있기는 하지만 소주 시장에서도 란체스터 전략이 적용되고 있다.

잠시 란체스터 전략에 대해 살펴보자. 이 전략은 역학관계를 응용한 기업경영 전략으로 전력상 차이가 있는 양자가 전투를 벌인다면, 원래 전력 차이의 제곱만큼 전력 격차가 더 벌어진다는 것이 핵심이다. 영국의 항공공학 엔지니어인 란체스터 **F. W. Lanchester**는 제1, 2차 세계대전의 공중전 결과를 분석하면서, 무기가 사용되는 확률 전투에서는 전투 당사자의 전력 차이가 전투의 승패는 물론이고 전투력의 차이를 크게 벌인다는 사실을 발견했다.

즉, 성능이 같은 아군 전투기 5대와 적군 전투기 3대가 공중전을 벌인다면 최종적으로 살아남는 아군 전투기는 2대가 아니라 그 차이의 제곱인 4대가 된다는 것이다. 결국 전력 차이의 제곱만큼 전투력

일등에는 신념이 있다

의 차이가 더 벌어진다는 것이다. 이러한 확률 전투에 적용되는 힘의 논리, 힘의 격차 관계를 란체스터 법칙이라고 한다.

재래식 시장에서 물건을 펴놓고 일대일로 판매하던 방식에서 매스미디어를 통해 광고와 홍보 활동을 함으로써 마케팅도 원격전의 형태를 띠고 있다. 매스미디어를 통해 불특정 다수에게 광고하는 것이 마치 전투기가 폭탄을 퍼붓는 것과 같기 때문이다. 란체스터 법칙의 핵심은 초기 투입 전력이다. 이것을 시장에 대입해보면, 초기 시장 점유율을 차지한 기업이 압도적인 우위를 차지한다. 이것이 초기 시장 점유율에 기업들이 목숨을 거는 이유다. 한번 시장 점유율이 뒤처진 기업이 1위를 따라잡기란 현실적으로 매우 어렵다. 시장 점유율 차이가 2대 1이라면 2배의 노력이 요구되는 것이 아니라 2의 승수, 즉 4배의 노력이 필요하다. 선두업체를 따라잡기 위해서는 1위 업체보다 4배 이상 품질이 좋은 제품이나 더 뛰어난 기술력을 보유해야 한다.

기업의 영향력이나 수익률도 '승수효과'로 설명할 수 있다. 시장 점유율이 7대 3인 기업이 있다면 두 회사의 수익률 차이는 7대 3이 아니라 7의 승수 대 3의 승수, 즉 49대 9가 된다.

란체스터 법칙은 개인에게도 적용할 수 있다. "고기도 먹어본 사람이 먹는다"고 일등도 해본 사람이 한다. 시골의 작은 학교에서 일등하던 학생이 서울의 큰 학교에 전학 가면 처음에는 뒤처질지 몰라도 시간이 지나면 결국 두각을 나타내기 마련이다. 반대로 서울에서 하위권에 머무르던 학생이 시골의 작은 학교로 전학 가면 처음에는 앞서 가지만 시간이 흐르면 서서히 하위권으로 밀려난다. 시골에서 일등을 해본 학생은 일등이 되는 법을 알고 있기 때문이다. 기업에서 인재를 모집할 때 학생회장이나 동아리 회장 등 다양한 리더십을 경험한 경력자를 우대하는 이유가 여기에 있다. 오랫동안 마케팅 책임자로 지내면서 수없이 많은 경쟁 프레젠테이션을 받아보았다. 그때마다 나는 이렇게 물었다.

"귀하가 실행해본 프로젝트나 브랜드 중에서 업계 일등을 만든 것이 있나요?"

일등을 해본 팀이나 조직에 과업을 맡기면 언제나 그 결과가 좋았던 경험이 있기 때문에 이 질문을 던지는 것이다. 다시 말해 굳이 전체 시장에서 일등을 하지 않더라도 특정 지역만이라도 일등을 차지하면 생존할 수 있다.

이벤트 상품도 마찬가지다. 하이트를 출시한 지 3개월쯤 됐을 때 소매점 판매를 촉진하기 위해 "하이트 3병을 구입하는 고객에게 사은품으로 ○○을 드립니다"라는 프로모션을 진행했다. 사은품 품목에 대한 소비자 조사를 실시해보니 물통, 주방용 고무장갑을 제치고 사각형 티슈가 선정됐다. 이번에는 사각형 티슈를 어떤 브랜드로 할지 고민했다. 마케팅팀에서는 업계 일등인 유한킴벌리사의 크리넥스 티슈를 추천했고, 구매팀에서는 가격 문제를 거론하며 3, 4위 업체 제품

 일등에는 신념이 있다

을 강력 추천했다. 결국 마케팅팀에서 총대를 멨다. CEO에게 "일등이 되려면 일등 제품과 놀아야 한다"고 건의하여 크리넥스 티슈로 결정 됐다. 주부들에게 인기가 높은 사은품 덕분에 하이트는 소매점에서 인기리에 판매됐고 프로모션은 성공적으로 끝났다.

단순히 제품이 일등인 것으로는 부족하다. 서비스도 일등이어야 한다. 사은품이라고 해서 싸구려 제품을 주면 그것을 증정하는 브랜 드도 싸구려로 인식되는 법이다. 일등 제품과 손을 잡고 시너지를 내 야 한다. 그래야 우리 제품도 일등 제품으로 보일 수 있다.

 # 시장 주도의 신념

위협적인
존재임을 과시한다

프랑스 인시드**INSEAD** 경영대학원 김위찬 교수와 르네 마보안**Renee Mauborgne** 교수는 《블루오션 전략》에서 경영자는 투자에 비해 성과는 형편없는 '콜드 스팟**Cold spot**'과 투자 효율이 아주 좋은 '핫 스팟**Hot spot**'을 항상 머리에 넣고 있어야 한다고 강조한다. 그러면서 새로운 전략을 세우는 데 자원과 인력은 항상 부족하기 마련인데, 콜드 스팟의 에너지를 뽑아 핫 스팟의 부족한 부분을 채우는 쪽으로 경영을 합리화해야 한다고 말한다.

1994년 2월 빌 브래튼**Bill Bratton**은 뉴욕 경찰청장에 임명된다. 당시 뉴욕 시는 살인, 폭력, 절도, 마피아, 무장 강도 등의 문제로 무정부 상태라는 소리를 들었다. 게다가 예산 동결, 노후화된 장비, 박봉과 위험한 근무 조건, 희박한 승진 가능성 등으로 3만6,000여 경찰의 사기는 땅에 떨어졌다. 하지만 브래튼 경찰청장은 2년도 채 되지 않아 뉴욕 시를 미국에서 가장 안전한 도시로 만든다. 강도, 상해, 절도가 각각 39%, 50%, 35% 하락했고 시민들의 뉴욕 경찰청에 대한 신뢰도가 37%에서 73%로 대폭 향상됐다.

어떻게 이런 일이 가능했을까? 현실에 대한 직시, 강력한 혁신 등 여러 가지 성공 요인이 있겠지만, 이 모든 일은 자원의 재분배 덕분에 가능했다.

브래튼은 부임하기도 전에 뉴욕 시 지하철 입구와 출구를 순찰하는 것이 중요하다고 판단해 경찰들을 내보내 전 지하철역을 반복 순찰하게 했다. 그 결과 몇몇 지하철에서 문제가 집중적으로 발생한다는 것을 알게 됐고, 역마다 골고루 배치된 경찰을 문제가 많은 몇몇 역핫스팟에 집중적으로 배치했다.

또한 범인 체포보다 조서를 꾸미고 이송하는 데 더 많은 시간이 걸리는 문제를 해결하기 위해 역 앞에 간이 체포 절차 센터를 만들어 16시간 걸리던 절차를 1시간으로 줄였다. 이로써 경찰들은 범인 검거에 더 많은 시간을 할애할 수 있었다. 브래튼 경찰청장은 콜드 스팟 업무를 핫 스팟 업무로 재분배함으로써 실질적으로 범죄를 방지하는 업무 중심으로 자원을 재분배한 것이다.

이는 영업과 마케팅 측면에서도 유용한 사례다. 이를테면 갑과 을이 100원을 내고 볼링 시합을 하는데, 갑이 1번 핀인 킹핀King Pin을 맞춰 스트라이크가 됐다면 핀 하나를 쓰러뜨리는 데 쓰인 비용은 개당 10원이다. 뒤이어 을이 공을 굴려 10번 핀 하나만 쓰러뜨렸다면 이때 쓰인 비용은 개당 100원이다. 볼링에서 스트라이크를 치기 위해서는 킹핀을 맞혀야 한다. 마찬가지로 조직 내에도 킹핀이 있다. 그들은 조직 내부에서 영향력을 행사하는 집단이다.

조선맥주는 마케팅실을 킹핀으로 생각했다. 그래서 하이트를 론칭할 때 마케팅실을 새로 조직해 직원을 25명 배치했다. 이때 홍보부도 신설해 외부에서 전문가를 영입했다.

1993년 5월 1일 하이트를 출시하면서 확보된 마케팅 비용은 120억 원이었다. 그 가운데 65%를 3개월 안에 광고 마케팅 비용으로 사용했다. 광고비 가운데 70%를 공중파, 신문 등 ATL Above the line 광고에 집중했다. 영업사원, 종합주류 도매업 관계자, 식당 및 소매점 사장들은 엄청난 물량공세에 혀를 내둘렀다. 이렇게 공격적인 마케팅 전략을 펼친 데는 이유가 있다. 신제품 출시를 기점으로 부정적이고 패배감에 젖어 있던 영업·마케팅 직원들의 자신감에 날개를 달아주고자 했다.

하이트 출시 이후 매주 매출 전략 검토 회의에 영업 책임자들을 참석시켜 성과를 보고하게 했다. 그들은 폭발적인 매출 증가와 브랜드 인지도 상승에 고무됐다. 스스로를 매출의 첨병으로 규정하면서 하루에도 수십 번씩 소비자들을 찾아나섰다.

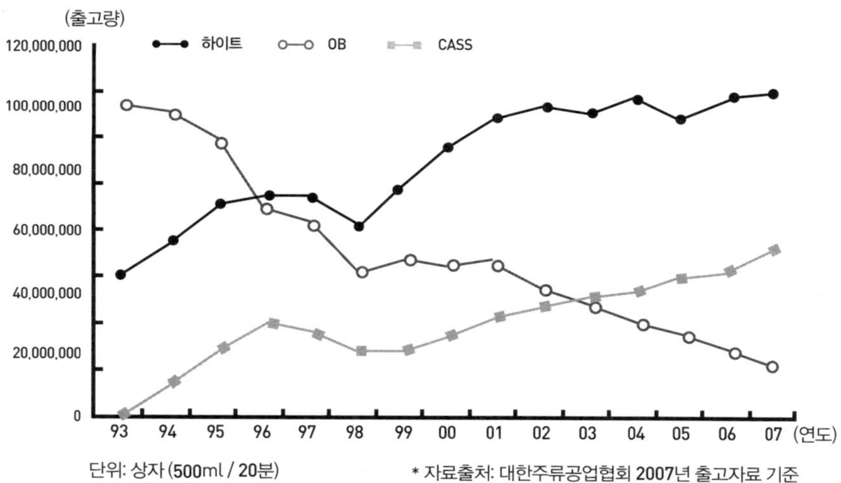

바위를 깨려면
날카로운 징을 준비한다

개봉 당시 240만 명의 관객을 동원하며 당시 흥행 3위를 차지했던 영화 〈주유소 습격사건〉에 나오는 장면이다. 동네 중국집 배달원들이 오토바이를 몰고 하나둘씩 주유소로 모이자 결국 패싸움이 벌어지는데, 주유소를 습격한 깡패 패거리 중 하나인 무대포 역으로 나오는 배우 유오성이 "나는 한 놈만 골라서 패"라면서 가장 약해 보이는 놈 하나만 집중적으로 공격해 기절시켜 본때를 보여준다. 그렇게 되자 다른 놈들도 겁을 먹고 도망간다.

비즈니스도 이처럼 상대의 약한 부분을 잘 파악해 공격하면 승리할 수 있다.

진로의 석수와 농심의 삼다수, 그리고 지방군소 업체들이 이미 생수 시장을 장악해 비집고 들어갈 틈조차 보이지 않는 상황에서 하이트맥주는 1997년 먹는 샘물 시장에 후발주자로 출사표를 던졌다. 이때 나는 생수 마케팅 책임자로 발령을 받았다.

생수 시장을 조사해보았더니 석수는 말통 생수라고 불리는 20ℓ 시장에서, 삼다수는 500㎖ 페트 시장에서 절대 강자로 군림하고 있었다. 어느 시장을 공략할지 결정하기 위해 두 시장의 이익 구조를 꼼꼼히 조사해보았다. 그 결과 20ℓ 말통 생수 시장에서 경쟁력이 더 있다는 결론을 내렸다. 곧바로 20ℓ 말통 생수에 대한 소비자 불만 조사에 착수했다.

불만 사항은 크게 3가지로 요약됐다. 첫째, 20ℓ는 너무 크고 무겁다. 특히 여성들이 들기에는 더더욱 힘들었다. 둘째, 물통을 교체할 때 마개를 완전히 뜯어내야 하는데 자칫 실수하면 물을 흘린다. 만약 냉온수기가 주방에 비치된 경우라면 주방가구 밑으로 물이 흘러 곰팡이가 생기는 등 비위생적이었다. 셋째, 물통을 교체할 때 입구가 완전히 열려 있어 세균에 쉽게 노출된다. 게다가 냉온수기의 작동 원리가 바가지 형태로 생수를 받아두었다가 꼭지를 열면 물이 쏟아지는 방식이라서 항상 오염의 우려가 있었다.

선두주자의 약점 정리를 일차적으로 끝마치고 이제 후발주자인 우리에게 주어진 미션은 '선두주자의 약점을 극복할 해결책'을 모색하는 것이었다. 우선 비서실에 근무하는 여직원들을 찾아갔다. 그들이 임원을 보좌하는 일 중에는 생수통 교체도 포함되어 있었다. 그들에게 마개를 제거한 20ℓ 물통을 번쩍 들어 물 한 방울 흘리지 않고 냉온수기에 거꾸로 꽂아보라고 했더니 불만을 토로했다. 생수통을 교체하는 게 너무 힘들다며 좀 가벼웠으면 좋겠다고 했다.

'바로 이거야!' 왜 생수통은 20ℓ여야만 하는가? 한국 여성의 평균 체중에 맞는 무게의 물통을 출시한다면 충분히 승산이 있었다. 1995년 기준 한국 여성의 평균 체중은 54kg이었는데, 허리에 부담을 주지 않는 짐 무게는 13kg라는 건강체육학회의 조언을 얻어 '국내 최초 12.5ℓ 물통'을 개발했다. 소비자들의 불만이 가장 많았던 무게 문제와 물이 쏟아지는 번거로움이 해결됐다.

이제 물통 마개를 완전히 제거할 때 생기는 세균 노출 문제만 남았다. 이런저런 궁리를 하던 중 의외의 장소에서 힌트를 얻었다. 그즈음 아이들이 폐렴으로 병원에 입원했다는 소식을 듣고 병원으로 퇴근했다. 밤에 병간호를 하던 중 아이의 팔에 꽂힌 주삿바늘이 눈에 확 들어왔다. '링거 병에 공기구멍도 없는데 링거액이 어쩜 그리 잘 들어갈까?' 하는 의문이 들었다. 그리고 이것을 생수통 마개에 활용하면 되겠다는 아이디어를 얻었다.

다음 날 회사에 출근하자마자 링거 주입 방식을 활용해 생수통 마개를 물통의 주입구에 암수로 만들어 끼우면 물을 흘리지 않고 공기와의 접촉도 없앨 수 있는 일석이조의 효과를 거둘 수 있다는 요지의 보고서를 작성했다. 이로써 국내 최초로 링거 주입 방식을 적용한 생수 '퓨리스'가 탄생했다. 한 가지 안타까운 점은 다른 일을 처리하느라 특허 신청을 하지 못한 탓에 내 아이디어로 하청을 받아 몰드를 만든 업체에서 아이디어의 제공자인 내 승낙도 받지 않고 실용신안특허를 얻어 사용하고 있다는 것이다.

퓨리스 생수가 출시되자 MBC, KBS, 국회, 과천청사 등 공공기관에 근무하는 비서, 특히 여비서들이 반겼다. 우리가 처음에 예상한 대로 2030 여성 시장을 주 타깃으로 세분화하여 시장 진입에 성공했다. 퓨리스는 후발주자라는 핸디캡에도 불구하고 생수 시장에서 단기간에 시장 점유율 7%까지 성장하며 4대 생수업체로 자리매김했다.

이렇듯 후발주자로 뛰어들어 시장을 선점한 선두주자의 아성에 도전하려면 SWOT분석을 통해 선두주자의 약점을 낱낱이 파악한 후 소비자를 만족시킬 해결책을 제시해야 한다. 또한 소비자들에게 매우 참신한 후발주자라는 인식과 함께 호기심을 심어주어야 한다.

대의명분은 영업사원을
춤추게 한다

1999년 청주 지점 팀장으로 부임했을 때의 일이다. 당시 청주 지점은 전국 매출이 최하위를 기록하고 있었다. 당연히 지점 분위기는 침체되어 있었고 직원들의 사기는 무엇을 해도 안 된다는 패배주의적 사고에 젖어 있었다. 설상가상으로 여태까지 일했던 지점 책임자들은 하나같이 매번 인사 때마다 실적 저조에 대한 문책을 받았으며 좌천되거나 사표를 내고 회사를 그만두었다. 심지어 명예퇴직 대상자 명단에 청주 지점의 직원은 으레 몇 명씩 포함되어 있다는 소문마저 나돌고 있었다. 지점 직원들은 막막한 앞날을 걱정하고 있었다.

그 와중에도 나름 열심히 일하는 직원도 여럿 있었다. 하지만 제대로 된 영업 방법을 배우지 못한 그들은 맥줏집 판촉이라는 명분 아래 매일 새벽 2~3시까지 음주판촉을 한 후 회사 앞에 주차된 차 안에서 잠을 청했다. 하루이틀도 아니고 이런 일이 일상이 되다 보니 대충 오전 업무를 마치고 거래처에 간다는 핑계를 대고 사우나를 들락거리는 사원들이 늘었다. 게다가 새벽까지 마신 술의 여파로 중요한 일이 진행되지 못하는 경우도 있었다.

참담했다. 어떻게든 무너진 조직을 바로 세워야 했다. 지점 직원들을 한자리에 모아놓고 조직 쇄신을 위한 몇 가지 약속을 내걸었다.

"첫째, 내부 조직력 강화를 위해 출근 시간을 철저히 지킵시다. 둘째, 퇴근 시간은 오후 8시 이후로 하되 늦어도 자정 전에는 귀가합시다. 그러므로 법인카드 결제는 밤 12시 이전에 집행한 것만 인정됩니다. 셋째, 하루에 30분씩 명상을 하고 생각하는 영업을 합시다. 넷째, 거래처에 지키지 못할 약속은 절대로 하지 맙시다. 이미 뱉어버린 약속이 있다면 한 달 안에 모두 정리해 회사의 신용을 회복하도록 합시다. 다섯째, 청주 지점은 당분간 명퇴든 전보든 당사자가 원하지 않는 한 절대 일어나지 않을 겁니다. 만약 그런 일이 발생한다면 책임자인 내가 사표를 쓰는 한이 있더라도 막을 겁니다."

직원들은 웅성거리기 시작했다. 나는 이야기를 이어갔다.

"지난 한 달간 외부 전문기관에 소비자 조사를 의뢰했습니다. 이번 조사는 충청북도 전역에 걸쳐 인구 표본에 맞게 300명을 랜덤 샘플링한 후 일대일 면접 방법으로 진행되었습니다. 도민 정서에 따른 의식 조사와 함께 2000년 밀레니엄 시대에 충청북도민들의 잠재욕구를

    일등에는 신념이 있다

객관식이 아닌 주관식으로 밝히도록 했습니다. 조사 결과, 충청북도민들은 한 번이라도 일등을 해보고 싶어했습니다. 직원 여러분들도 매출 최하위의 설움을 딛고 일등을 차지하고 싶을 겁니다. 한번 해봅시다."

내 말이 끝나자 직원들의 표정이 바뀌기 시작했다. 어차피 잃을 것이 없으니 죽기 살기로 해보자며 서로에게 파이팅을 외쳤다.

다음 날 직원들과 함께 꼴찌 탈출을 위한 대책 회의에 들어갔다. 어떻게 하면 충청북도민들의 마음을 움직일 수 있을까? 소비자 결과를 놓고 충청북도민의 컬처 코드Culture Code 분석에 들어갔다. 예상외로 열띤 토론이 벌어졌다.

충청북도민들은 왜 일등을 해보고 싶은 걸까? 충청북도민의 컬처 코드에 대한 다양한 의견 중에 재미있는 분석이 있었다. 충북 지역 사람들은 삼국시대 이래 지정학적인 이유로 한 번도 리더 역할을 해본 적이 없다는 사실에 자괴감을 느끼고 있으며, 이런 변방 지역의 서러움은 현대까지도 이어져오고 있다는 것이다. 실례로 충북 지역은 전국소년체전에서 7년 연속 1위를 했지만 아이러니하게도 전국체전에서는 매년 11~12위에 그쳤다. 그 이유는 우수학생들이 다른 지역으로 스카우트되었기 때문이다. 재주는 곰이 부리고 돈은 왕 서방이 챙긴다고, 어차피 죽을 고생을 해도 영광은 다른 지역 사람들이 누린다는 피해 의식이 있었다.

충청북도민들의 자존심을 제대로 살려주면 하이트를 외면하는 충북 소비자의 마음을 사로잡을 수 있을 거라는 쪽으로 의견이 모아졌다. 우선 캐치프레이즈를 내걸었다.

"밀레니엄 시대, 일등 충북을 만듭시다! 일등 맥주 하이트가 함께합니다."

목표가 정해졌으니 구체적인 실행에 들어갔다. 일등 충북을 연상시킬 수 있는 이벤트성 프로모션을 실시하고 이를 홍보하는 기사를 내보냈다. 그리고 충북 지역 라디오와 신문에 광고를 내보내 '일등 충북', '일등 맥주 하이트'라는 문구를 반복적으로 노출했다. 아울러 충북에 적을 두고 있는 도민 중에서 21세기를 이끌 인재를 발굴해 장학금과 후원금을 주는 행사도 같이 진행했다. 이로써 하이트맥주가 진정으로 지역 주민을 생각하는 사회적 기업이라는 이미지를 조성했다.

지역 소비자의 마음에 침투하려면 그들이 속한 문화를 통해 그들의 행동과 삶의 방식을 이해하는 것이 중요하다. 다시 말해 그들의 컬처 코드를 파악하는 것이 급선무다. 세계 시장에 나선 지프Jeep는 컬처 코드를 이용한 맞춤형 전략으로 성공한 대표적인 예다. 프랑스에서는 독특한 스타일을 강조해 광고하여 새로움과 사상을 좋아하는 국민성에 호소했다. 독일에서 해방자라는 코드를 이용한 광고로 제2차 세계대전 이후의 질서 회복을 상기시켰다. 영국에서는 고급스러움과 풍요로움이라는 코드에 맞춰 지프 대신 고급스러운 그랜드 체로

키 **Grand Cherokee**를 내놓아 영국 제품인 랜드로버**Landrover**의 판매율을
추월했다.

청주 지점의 컬처 코드 공략은 대성공이었다. 전 직원의 열정적
인 노력으로 지역 소비자의 마음이 움직이면서 하이트의 충청북도 내
점유율은 29%에서 44%로, 18개월 만에 무려 15%나 성장했다. 본사에
서도 청주 지점에 대한 인식을 바꾸게 되는 계기가 됐고, 직원들의 사
기는 최고조로 올라갔다.

대부분의 기업들이 본사에서 각 지역별로 예산만 배정할 뿐 전
문적인 지역 마케팅팀이 상주하지 않다 보니 부작용이 발생한다. 이
런 주먹구구식 마케팅으로는 연매출액을 2~3% 올리기도 쉽지 않다.
대리점주나 소비자와의 일대일 접촉만으로는 매출 상승에 한계가 있
다. 지역 사회에서 획기적인 매출 상승을 원한다면 '지역민과 함께하
는 통합 마케팅 커뮤니케이션**Area Integrated Marketing Communication Mar-**
keting' 전략을 시도해라. 컬처 코드를 파악해 지역 전체의 여론을 움
직이면 연매출액을 10% 이상 끌어올릴 수 있다.

최후의 고지에는
여성이 있다

우리 회사 혹은 내가 속한 비즈니스 분야의 미래에 대해 생각해본 적이 있는가? 5년 혹은 10년 후의 모습을 상상할 수 있는가? 요즘처럼 급변하는 환경 속에서 미래를 들여다보는 것은 쉬운 일이 아니다. 과연 우리의 미래는 어떤 모습일까?

마케팅계의 노스트라다무스라 불리는 미래학자 페이스 팝콘 **Faith Popcorn**은 2000년에 '이브' **EVE**와 '진화·Evolution'의 합성어인 '이브올루션 **EVEolution**' 시대가 도래할 것이라고 전망했다. '이브올루션'이란 여성이 생각하고 행동하는 방식이 비즈니스에 큰 영향을 미치고, 여성적인 사고방식이 전 세계로 확산될 것이라고 뜻이다.

현대 경영의 대가 톰 피터스 **Tom Peters** 역시 "여성과 실버는 발견되기를 기다리는 금광이다. 세상의 돈이 모이는 곳, 가장 큰 트렌드가 바로 이들이다"라고 했다. 또한 "오늘날의 미국 경제에서 가장 강력하고 활발하게 움직이는 힘이 바로 여성이다"라고도 했으며, "미래 경제성장의 원동력은 중국이나 인도, 인터넷이 아니라 바로 '여성'이다"라며 거대한 변화와 단절의 시대에 예전의 시장에만 목맬 게 아니라 21세기의 새로운 시장, 즉 여성이 중심이 되고 여자를 주인공으로 하며 여성에 의해 좌지우지되는 시장을 찾아야 한다고 했다.

2000년대에 들어 사회적으로 여성의 위치가 높아지고 역할이 다양해짐에 따라 여성이 남성보다 우월한 지위에 서 있는 경우가 많아졌다. 특히 소비시장에서 여성은 최고의 위치에 있다. 여성의 사회 진출이 많아지고 사회적으로 결혼이 늦어지는 추세에 따라 싱글 여성들이 늘면서 이들의 구매력은 무시할 수 없을 만큼 높아졌다. 최근 구매 의사 결정과정에 대한 조사에 따르면, 우리나라 소비재의 83%를 여성이 구매하고, 이들이 구매에 영향을 미치는 비율은 90%라고 한다.

지금은 여성 마케팅이 활성화됐지만 1990년대에는 이런 생각을 하는 사람들이 별로 없었다. 1993년 하이트는 처음부터 2030세대, 특히 미시 여성층을 타깃으로 개발된 상품이다. 맥주에는 쓴맛의 정도를 나타내는 IBU International bitterness unit 라는 지수가 있다. 이것은 주로 호프의 함량에 따라 결정되는데, 네덜란드의 하이네켄이나 덴마크의 칼스버그 Carlsberg 는 23~25IBU정도다. 당시 정통 독일 맥주를 표방한 크라운 맥주는 19IBU 정도였고 경쟁사의 OB맥주는 16IBU였다. 반면에 부드러운 맛을 좋아하는 여성들을 겨냥해 출시한 하이트는 12IBU로 여성의 입맛을 충족시켰다.

젊은 주부들을 대상으로 '하이트 배 전국 여성 에어로빅 대회'를 개최해 건강을 지향하고 운동 후 맑고 개운한 느낌을 연상할 수 있도록 이벤트를 전개했으며, 여성 소비자들에게 자연스럽게 다가가기 위해 여성들이 주로 모여 수다를 즐기는 동네 헤어숍에 시원한 하이트를 제공해 시음할 수 있도록 했다. 여성들이 하이트를 선호하다 보니 그들과 술자리를 함께하는 남성도 저절로 하이트를 마시게 됐다. 여성을 사로잡아야 시장을 선도할 수 있다는 것이 맥주 시장에도 맞아떨어진 셈이다.

최근에는 여성 못지않게 노인들도 주목해야 할 소비자층으로 부상했다. 실버 산업 시장 규모는 매년 폭발적으로 성장하고 있다. 1953년생부터 1962년생까지를 베이비 붐**Baby boom** 세대라고 하는데, 이들이 정년퇴직과 함께 제도권에서 벗어나기 시작했다. 이들이 대거 실버 산업으로 진입하고 100세 시대를 눈앞에 두게 되면서 노년층의 구매력이 점차 높아지고 있다.

여성과 노인은 더는 틈새시장이 아니다. 이들 시장은 보물창고다. 앞으로 이 시장을 누가 먼저 장악하느냐에 따라 회사의 운명이 갈린다 해도 과언이 아니다. 따라서 조직이나 기업은 미래의 소비 주체를 확실히 인지하고 집중해야 한다.

chapter 06

섬세함의 신념

거래처 사장집
숟가락 갯수까지 파악한다

기업의 모든 조직은 매출을 위해 존재한다. 즉, 기업의 생명은 매출이다. 이는 아무리 강조해도 지나치지 않다. 그러나 영업은 실력이 없어 오갈 데 없으면 누구나 하는 것으로 인식하는 경향이 있다. 기업 내에서 한직으로 인식되기도 한다.

스마트 기기가 일상에 많은 부분을 차지하는 요즘, 관리 분야는 컴퓨터나 업무자동화를 통해 상당 부분 대체가 가능하다. 그러나 아무리 과학이 발달하고 우수한 기기가 등장한다 해도 대체할 수 없는 분야가 있다. 그것은 연구소의 기술개발과 창조, 그리고 사람을 만나 관계를 유지하는 관계 마케팅 분야다. 기계로는 할 수 없는 인간 고유의 업무인 것이다.

경쟁이 심화될수록 지적정보력이 요구되고 이로써 기업의 기술은 평준화된다. 이런 상황에서 기업의 경쟁력을 좌우하는 것은 브랜드 이미지와 유통을 근간으로 하는 내부 조직에 따른 영업력이 될 것이다. 그러므로 미래의 기업으로 성장하기 위해서는 비즈니스 파트인 영업 마케팅 관련 분야에 핵심 인력을 양성해야 한다.

$$F(S) = Vt \times Vf \times |Vq|^2$$

'판매량은 체제 시간과 빈도수보다 영업사원의 자질에 더 큰 영향을 받는다.'

이 공식은 28년간의 현장 경험을 바탕으로 정리한 필자의 이론으로, 과거와 현재의 영업력 변화를 설명한다.

이 공식에서 F는 수학에서의 함수를 나타내는 Functional의 머리글자로, S는 판매량**Sales Quantity** , V는 방문자**Visitor** , 즉 영업사원을 뜻한다. t는 시간**time** , f는 빈도수**frequency** 이며, q는 품질**quality** 을 나타낸다.

1980~1990년대까지만 해도 영업은 거래처에 얼마나 자주 오래 머무르느냐에 따라 결과가 좌지우지됐다. 이것은 지금도 별반 다를

게 없다. 오래 자주 머무르면 정도 들고 마음도 통하게 되어 매출이 발생한다. 따라서 영업 인력을 많이 채용하여 시장에 전진 배치하는 것이 경쟁력이었다. 관리자는 영업사원을 거래처에 오랫동안 머물게 하기 위해 서둘러 출장을 보낸다.

10년 후 인력이 고급화되고 인건비가 상승하면서 한 거래처에 오래, 자주 머물 시간도 인력도 부족하게 됐다. 한 번을 만나도 오래 기억되고 감동을 줄 수 있는 비즈니스 모델이 필요했다. 결국 영업사원의 자질이 시간과 빈도수보다 몇 곱으로 중요해진 것이다.

예를 들어 최근의 보험설계사들은 예전처럼 고객을 자주 방문하지 않는다. 그들은 주 업무인 보험 상품 설명과 계약에만 치중하지 않는다. 재테크나 재무설계 또는 노후인생설계 같은 다양한 서비스로 자신의 전문성을 보여줌으로써 예전과는 확연히 다른 감동을 준다. 이것이 영업사원의 숫자보다 자질이 더 중요한 이유다.

하이트맥주 원주 지점에서 지점장으로 근무할 때다. 영업사원들을 주로 지역 연고자로 배치하다 보니 그들은 도매점 사장들과 선후배 사이인 경우가 많았다. 하지만 나는 처음 발을 들인 곳이다 보니 여러 거래처를 자주 방문하기가 쉽지 않았다. 그리하여 나름 방안을 모색했다.

가슴에 남을 이벤트를 하거나 도매점의 구조적 문제 또는 개인적인 고민을 나누고 이를 해결해주기로 한 것이다. 고객에게 상품을 파는 것은 일회성이지만 판매 외적인 고충을 함께 해결한다면 그것은 영혼을 얻는 것이나 다름없다고 생각했다. 더군다나 경쟁사들과 다를 바 없는 방식은 누구나 할 수 있는 것이고, 누구나 하는 것은 서비스가 아니라고 여겼다.

한번은 도매점 사장의 생일이었다. 그날은 관례적으로 생일 축하 꽃바구니와 케이크 또는 선물을 지점장 이름으로 배달한다. 심지어 그 회사의 강아지도 꽃바구니를 입에 물고 다닌다고 할 정도로 도매점 사장의 사무실에는 각 업체에서 배달된 꽃바구니로 가득하다. 도매점 사장은 각 업체의 지점장이 방문한다고 하면 해당 업체의 꽃다발을 좋은 곳에 배치하느라 바쁘다.

이런 비효율적인 비용을 효과적으로 사용할 방법을 찾다가 도매점 사장의 생일에 쓰일 예산의 반을 도매점 사장의 장모 생일에 썼다. 이른바 장모님 마케팅이다. 그 결과는 매우 성공적이었다. 사위가 거래하는 회사의 지점장이 꽃다발과 케이크를 선물했다며 장모는 자기 딸이 시집을 잘 갔다고 자랑하게 되고, 친정엄마의 즐거움에 사장 부인도 덩달아 신이 나서 사장인 남편에게 더욱더 잘하게 된 것이다.

살짝 생각을 바꿔 한 사람만이 아니라 세 사람을 감동시키는 이런 방법은 김위찬 교수와 르네 마보안 교수가 《블루 오션 전략》에서 말한 '핫 스팟'을 제대로 실천한 것이나 다름없다. 남들이 다하는 서비스는 진정한 의미에서 서비스라 할 수 없다. 하지 않으면 상대가 서운

하고 불쾌하게 여기는 당연한 행위일 뿐이다.

언젠가 겉으로 보기에는 별 걱정이 없어 보이는 종합주류 도매점 사장의 고민을 접하게 됐다. 그에게는 고등학생 딸이 하나 있었는데, 아직 1학년이라지만 공부는 하지 않고 한 남자 배우에 홀딱 빠져 있다는 것이었다. 그가 딸의 방을 보여줬는데, 그 배우 사진으로 온통 도배되어 있었다. 공부에 흥미가 없는 것은 둘째 치고 사춘기에 접어든 딸을 위해 그는 그 배우가 촬영하고 있는 서울의 모처에 몇 번 찾아가기도 했다. 하지만 로드 매니저들에게 제재를 당해 사진 한 장도 찍을 수 없었다.

그가 그토록 걱정스러운 딸을 데리고 그곳을 찾은 이유는 그의 딸이 그 배우와 만나 사진도 찍고 잠시나마 대화를 하게 된다면 열심히 공부하겠노라 약속해서였다.

사실 이런 문제는 맥주 판매와 직접적인 관련이 없다. 하지만 그를 돕는 것은 그의 딸이 바르게 자라도록 일조할 수 있을 뿐만 아니라, 도매점 사장에게는 잊히지 않는 감동을 줄 수 있다고 판단했기 때문이다. 그래서 당시 회사와 거래하던 광고회사의 국장에게 부탁해 그 배우에게 연락이 닿을 수 있도록 부탁했다. 그 배우에게는 그간의 사정을 전하고 도매점 사장의 딸과 만남을 주선했다. 실제로 며칠 후 도매점 사장의 딸은 그토록 만나고 싶어 하던 그 배우와 한 방송사의 스튜디오에서 30분간 만남을 가졌다. 동영상과 사진을 찍고, 그 배우의 친필 사인이 든 선물까지 받았다.

그런데 그 일이 있고 난 후 도매점 사장의 딸은 학교를 자퇴하고 말았다. 다행히도 그 아이는 정신을 바짝 차리고 양평에 소재한 모 기숙학원에 들어가 열심히 공부하여 대입 검정고시에 합격해 그 이듬해에 대학에 입학했다고 한다. 또 여러 도매점을 돌며 전해 들은 이야기에 따르면, 그 도매점 사장이 자기 딸을 도와준 필자를 평생 잊지 못할 것이라고 했다는 것이다.

선물 공세도 좋지만, 이처럼 업무 외적인 서비스로도 큰 감동을 줄 수 있다. 사람은 서비스의 대상이 오로지 '나'가 아니라 '아무에게나'라고 할 경우, 그것을 당연한 것으로 받아들이는 경향이 있다. 그러므로 업무가 아니라 비공식적이면서도 상대만을 위해 서비스하면, 그 감동의 깊이는 커지고 상대는 그 기억을 오래오래 떠올린다.

또 한번은 매출이 상승하면서 영업이익이 많이 늘다 보니 법인세를 1억 원 정도 내야 할 상황에 처한 한 거래처 사장의 고민을 듣게 됐다. 그는 절세 방법을 찾기 위해 골머리를 앓고 있었다.

그는 거래 관계 때문에 매주 1회 주중에 골프를 치고 있었다. 그리하여 이를 활용하는 방안을 제시했다. 직원 복리후생을 위한 목적으로 주중 회원권을 법인으로 구입하도록 하여 3,000만 원을 당해 연도 비용으로 처리하도록 했다.

그리고 거액의 회원권을 구입한 것을 이용해 골프장 대표에게 주류 거래를 부탁함으로써 월 800만 원 규모의 신규 매출이 창출됐다. 800만 원에 대한 마진율은 15%로, 매월 120만 원씩 12개월 동안 1,440만 원의 신규 수익을 확보했다.

또한 골프를 칠 경우, 회당 그린피가 일반회원은 1회 12만 원인데 반해 주중회원은 6만 원으로, 대략 6만 원×50회=300만 원. 3,000만 원에 대한 절세 금액을 더해 연간 약 2,000만 원의 비용을 절감할 수 있었다.

한때 도매점 사장들의 고민은 2차 거래처인 식당 등에 소주와 맥주의 냉장을 위한 쇼케이스를 경쟁적으로 공급해 거래처를 침탈하는 것이었다. 도매점별로 쇼케이스 비용이 적게는 월 500만 원에서 많게는 800만 원 선으로 연간 6,000~9,600만 원 정도 소요된다. 도매점 사장들과 이 비용을 줄일 방법을 모색하던 중 지역협의회장과 논의해 유통질서 확립 차원에서 불법 거래를 자제하기로 결의했다. 당시 주세법에는 쇼케이스나 냉장고 등 내구재를 지원하는 것이 불법이었지만 관행적으로 이루어졌다. 더군다나 식당 같은 2차 거래선의 주인들은 그것이 불법인지도 모르고 더 많은 수를 요구하는 상황이었다.

따라서 쇼케이스 지원이 불법임을 홍보하기 위해 의도적으로 관할 세무서에 불법이 이루어지고 있었음을 자진 신고하고 전 회원사가 50만 원의 벌금을 납부했다. 이 납부 영수증을 복사해 전 판매원들에게 지참하도록 하여 쇼케이스를 요구하는 식당 등 2차 거래선에게 보여주고 한 번 더 고발되면 주류취급면허가 취소됨을 알렸다. 물론 기존의 지원이 완전히 사라진 것은 아니지만, 더는 대놓고 지원할 수 없다 보니 일부 음성적인 지원만 남았다. 6개월 후부터는 이전에 발행한 어음을 모두 결제할 수 있게 되어 매월 발생하는 쇼케이스 지원 비용이 절감됐다. 연간 비용으로 따져보면 60% 절감되어 3,600만~5,760만 원을 아낄 수 있었다.

이렇듯 도매점의 경영관리에도 도움을 줌으로써 일반적인 영업 방법과 차별화했다. 그 결과 도매점 사장들의 신임을 얻게 되고 판매에도 큰 영향을 끼쳤다. 즉, 영업 외적인 품질 V_q로 영업사원의 방문시간 V_t과 빈도수 V_f보다 몇 배 더 높은 판매량을 올렸다. 하이트맥주 원주 지점장으로 발령받았을 때는 그 지역 판매량 비율이 58%이었으나 2년 반 만에 70%까지 상승했다. 상승폭은 전국 최고 수준이었다.

과거의 방문 체제 시간과 빈도수에 의한 영업 방법도 중요하지만 정보화시대에 이른 지금에는 영업사원의 품질을 높여 경쟁자가 하지 않는 고품질의 영업 전략을 개발해 차원이 다른 고객 감동 서비스를 실시해야 우월적 시장 지위를 지켜나갈 수 있다. 이로써 잘나가는 회사는 다르다는 인식을 소비자들에게 고취시켜 소비자 스스로가 해당 회사의 제품을 구매하도록 해야 한다. 이것이야말로 진정한 경쟁력이다.

색다른 이야기를 노출시켜라

소비자들은 브랜드가 가지고 있는 독특한 스토리텔링을 통해 해당 브랜드를 머릿속에 각인시키고 이미지화한다.

예를 들어 백세주 하면 무슨 이미지가 떠오르는가? 100세까지 젊음을 유지하는 것이다. 백세주를 출시하면서 이 회사는 재미있는 광고 포스터를 제작해 주점마다 부착했는데 손님들 사이에서 화제가 되었다. 포스터는 백세주를 마신 아버지가 아들보다 더 젊어져서 둘 사이의 역할이 뒤바뀔 정도가 된다는 이야기를 담고 있다. 소비자들은 이 광고를 보면서 '아, 나도 이 술을 마시면 젊음을 만끽할 정도로 건강해지겠구나'라고 여겼다.

이처럼 스토리텔링이 풍부한 브랜드들은 소비자들의 구전 효과 **WOM, Word Of Mouth effect**를 얻어 빠른 속도로 소문나고, 결과적으로 큰 인기를 끌게 된다.

세계적으로 가장 잘 팔리는 음료인 코카콜라는 2013년 5월로 탄생 120주년을 맞았다. 이를 기념하여 영국 BBC 방송 인터넷판은 코카콜라의 정체를 낱낱이 밝혔다. 흥미롭게도 그간 떠돌던 수많은 속설 가운데 무엇이 진짜이고 가짜인지를 정리했다.

약사인 존 펨버턴**John Pemberton** 박사가 약국에서 팔기 위해 설탕과 코카 잎Coca leaves, 콜라 콩Kola nuts을 섞어 만들어낸 달콤한 액체가 코카콜라다. 이 달콤한 물은 1886년 5월 8일부터 일반에 판매되기 시작했는데, 미국 남부 조지아 주 애틀랜타에 있는 '제이콥스 약국'이 코카콜라가 판매된 첫 점포다.

'코카콜라'라는 이름은 펨버턴 박사와 함께 일하던 회계 담당 직원 프랭크 로빈슨Frank Robinson이 제안해 채택됐다. 코카콜라 병이나 캔에서 볼 수 있는 'Coca Cola'라는 글씨도 그가 쓴 것이다.

다만 세계에서 가장 유명한 브랜드 가운데 하나인 '코카콜라'라는 이름을 창안한 공로로 로빈슨이 얼마나 많은 보상을 받았는지는 알려지지 않았다. 당시에는 지적 재산권 개념이 없었던 때라 거의 없었을 것으로 짐작된다.

처음에 코카콜라는 뇌기능을 높이는 기능성 음료였다. 첫 광고 문구는 "뇌에 좋은 지적인 탄산음료The brain tonic and intellectual soda fountain beverage"로 콜라에 든 카페인의 각성 효과가 머리를 맑게 해주는 데서 착안한 듯싶다.

초기에 생산된 콜라에 마약인 코카인을 소량 넣었다는 속설은 사실이다. 이는 기술적인 것으로, 코카 잎을 구식 공정으로 가공하는 과정에서 약간의 코카인이 들어갈 수밖에 없었다. 1920년대 이후 제조법이 개량되면서 더는 코카인이 발견되지 않았다.

회사의 대표 3명 중 2명만 코카콜라의 제조법을 안다는 속설은 사실이다. 하지만 코카콜라의 비밀이 영원히 사라질까 봐 이들이 같은 비행기에 타지 않는다는 것은 사실이 아닌 듯하다. 왜냐하면 7X로 불리는 코카콜라의 제조 공식을 적어놓은 비밀문서가 애틀랜타 본사의 금고에 저장되어 있는데, 이사회의 결의가 있으면 이 문서를 꺼내볼 수 있기 때문이다.

코카콜라처럼 사실이든 가짜든 사람들 사이에서 많은 이야기가 회자된다는 것은 그만큼 그 브랜드가 큰 관심을 받고 있다는 것이다. '세계에서 가장 아름다운 위스키'라는 명성을 지닌 딤플**Dimple** 브랜드에도 특별한 이야기가 있다.

딤플은 스코틀랜드에서 가장 오래된 글렌킨치**Glenkinchie** 증류소에서 생산되는 원액으로 제조된다. 그 시작은 1627년으로 거슬러 올라가며, 현재는 로버트 헤이그**Robert Haig** 가에서 전통을 잇고 있다.

딤플의 현재 병 모양은 1893년 조지 오길비 헤이그**George Ogilvy Haig** 가 보조개를 본떠 만들었는데, 병이 공개된 순간 반향을 일으켰다. 참고로 딤플 병의 그물망에도 스토리가 숨어 있다. 영국과 남북전쟁을 벌이던 중 영국군이 몰려오자 딤플을 감추려고 딤플 병을 끈으로 묶어서 깊은 우물에 감춰두었다가 전쟁이 끝난 후 딤플을 안전하게 보관한 것을 기념하여 그물망을 금박으로 만들어 병에 씌우면서 오늘날에 이르게 됐다고 한다.

손으로 만든 바구니로 연 1조 원의 매출액을 기록하는 회사가 있다. 미국에 있는 롱거버거 **Longaberger** 라는 회사다. 설립자인 데이브 롱거버거 **Dave Longaberger** 는 산업이 발전하면서 우리 주위에는 사라지는 것이 많은데, 소득이 늘면 자수품 등 수공예품에 대한 수요가 다시 커질 것으로 예상하고 1974년부터 수작업으로 바구니를 만드는 사업을 시작했다. 그리고 예상대로 큰 성공을 거두었다.

롱거버거는 특별한 방식으로 마케팅을 한다. 바구니 쇼를 개최해 사람들을 모은 다음 바구니에 얽힌 사연이나 스토리를 들려준다. 그 과정에서 롱거버거 집안의 내력, 바구니를 만들게 된 배경, 집안 식구들에 대해 소개한다. 바구니에 얽힌 재미있는 이야기나 바구니의 쓰임새에 대한 설명도 덧붙인다.

"이 바구니는 부활절에 계란을 담을 때 쓰는 것이고, 이 바구니는 자전거를 타고 피크닉을 갈 때 사용하면 좋고, 이 바구니는 빨랫감을 담아놓으면 좋고……."

롱거버거의 사례는 우리에게 많은 시사점을 던져준다. 수제 바구니도 사업 아이템이 될 수 있다는 것을, 사람들은 물건보다 물건에 얽힌 사연에 더 열광한다는 사실을 우리에게 알려준다.

소비자에게 브랜드를 쉽게 각인시키려면 단순히 단어를 나열하는 데만 그치지 말고 브랜드와 연관된 이야깃거리, 즉 스토리텔링을 같이 엮어서 들려주면 효과적이다.

 일등에는 신념이 있다

바람이 불 때
연을 날린다

하나의 브랜드나 특정 마케팅 자원으로 소비자들의 패러다임을 움직이거나 바꾸는 것은 엄청난 비용과 노력이 따르며 리스크 또한 크다. 그래서 이는 대기업에게나 적합한 마케팅 수단이다.

자금이 넉넉하지 못한 회사의 경우, 소비자의 패러다임을 바꾸겠다고 섣불리 도전하기보다는 소비자들로부터 눈도장을 받아 순풍에 돛을 달듯 시장에 진입하는 것이 우선이다. 이를 위해서는 흔히 3가지 방법을 사용한다.

첫째, 자사 상품과 관련 있는 정보나 사건을 사회적 이슈로 만들어 저절로 홍보가 되도록 한다.

일례로 두산의 페놀 사건으로 수돗물에 대한 불신이 극도로 악화되었을 때 하이트는 '100% 암반 천연수 맥주'라는 점을 강조했다. "오염된 강물로 만든 맥주를 드시겠습니까? 아니면 지하150m에서 퍼 올린 100% 암반 천연수 맥주를 드시겠습니까?"라는 광고를 내보내자 시장의 반응은 폭발적이었다.

우리나라에서 휴대전화가 본격적으로 보급되기 시작한 1990년대 중반 때 사례다. 지금은 스마트폰으로 삼성의 갤럭시나 LG의 G2가 대세지만, 1990년대 초반만 해도 국산제품보다 모토로라**Motorola**

하이트의 깨끗한 물을 강조한 신문 광고

일등에는 신념이 있다

나 노키아Nokia 같은 외국제품의 선호가 두드러졌다. 삼성의 휴대전화 단말기인 '애니콜Anycall'은 당시 기술력으로 볼 때 전혀 뒤처지지 않았다. 고심 끝에 산악지형이 많은 한국적인 특성을 감안하여 "애니타임 애니웨어Anytime, Anywhere"란 콘셉트로 '한국 지형에 강하다!'라는 슬로건을 내세웠다. '한국 지형에 맞는 휴대전화'가 모토로라 휴대전화로는 통화가 되지 않는 지역에서 잘 연결된다는 것을 확인하자 사람들은 열광했다. 이후 애니콜은 모토로라의 아성을 무너뜨리기 시작했다.

둘째, 경쟁사들이 줄줄이 유사 제품을 출시해 시장을 키운다. 다시 말해 '경쟁이 시장을 키운다'라는 평범한 마케팅 원리를 활용해 해당 제품 또는 브랜드가 빠른 속도로 확산되도록 만드는 것이다.

㈜비락이 개발한 '비락식혜'가 소비자들에게 인기를 얻으며 성공가도를 달리자 대기업들이 앞다투어 '해태식혜', '롯데식혜'를 출시했다. 식혜 시장은 빠른 속도로 성장했다. 1993년 6월에 '비락식혜'를 출시할 당시만 해도 연 4억 원이 조금 넘었던 식혜 시장의 규모는 해태, 롯데 등 음료 시장의 선두주자들이 가세함으로써 순식간에 월 50억 원대로 성장했다. 이것은 시작에 지나지 않았다. 식혜 시장의 규모와 '비락식혜'의 매출액은 그야말로 눈부신 성장을 이어갔다. 1995년 말에는 연 매출액이 2,400억 원을 넘었다.

이처럼 식혜 시장이 갑자기 커지자 경쟁업체들이 너 나 할 것 없이 시장에 뛰어들었다. 1994년에는 이미 10개 회사가 진출했으며, 1995년 11월에는 60여 개 업체가 치열한 각축전을 벌였다. 비락식혜 입장에서는 후발업체들이 시장에 불을 붙일수록 소비자의 관심이 높아지면서 시장의 파이 또한 커졌으니 경쟁이 반가울 따름이었다.

최근 식료품 시장에서 소비자들의 웰빙Well-being 트렌드가 대두됨에 따라 탄산음료에 대한 부정적인 인식이 단단히 자리를 굳히고 있다. 미국의 코카콜라, 펩시, 우리나라의 롯데칠성 등 세계 굴지의 대형 탄산음료업체들이 탄산음료의 성분을 천연으로 바꾸는 등의 노력을 기울였으나 매출액은 계속 감소하고 있는 실정이다. 이러한 변화에 발맞추어 외국에서는 '에너지 드링크'라 불리는 '레드불Redbull', '몬스터Monster' 등이 젊은층의 열광적인 성원에 힘입어 탄산음료의 대체제로 대두되면서 급성장하기 시작했다. 2011년 세계 에너지 드링크 시장의 매출액은 510억 달러 규모를 기록했고, 2016년에는 793억 달러에 달할 전망이다.

이러한 세계 음료 시장의 추세에 발맞춰 2010년 3월 롯데칠성은 '핫식스Hot6'를 출시함으로써 국내 에너지 드링크 시장을 개척했다. 2011년 세계 에너지 드링크 1위 업체인 '레드불'이 동서식품을 통해, 세계 탄산음료 1위 업체인 코카콜라의 '번인텐스Burnintense'가 국내 시장에 진출함에 따라 소비자들의 에너지 드링크에 대한 인지도가 한층 더 상승하면서 시장 전체의 파이를 키우는 동시에 높은 시장 잠재력을 인정받고 있다.

셋째, 철저하게 시장의 흐름을 파악해 당대 최고의 이슈 키워드를 찾아내 소비자들과 소통한다.

2006년 식품 분야 트렌드는 3무**Non GMO, No Suger, Non Transfat** 3강 **Natural, Sex Appeal, Design** 6저**Low fat, Low Salt, Low calorie, Low caffeine, Low tar, Low alcohol** 로 대표된다. 당시 '웰빙', '자연', '천연' 등이 먹을거리의 핵심 키워드로 부상했다. 소비자들이 건강에 관심을 갖기 시작하면서 주류 업계는 큰 타격을 입었다. 진로 소주도 마찬가지였다.

당시 경쟁사의 처음처럼이 '전기분해한 알칼리수'라는 콘셉트를 내세워 소비자에게 어필할 때, 진로는 '천연 대 인공'으로 시장을 구분해 '지리산 3년생 천연대나무 숯'이라는 '천연' 콘셉트로 마케팅했다. 자연친화적이고 순수한 이미지를 내세워 젊은 남녀 2030세대를 공략하는 데 성공했다.

또 건강을 중시하는 시대적 변화를 반영함과 동시에 진로 스스로 자기 혁신을 한다는 각오로 소주 알코올 함량을 19.8도로 낮춘 저알콜 소주를 출시했다. 소비자들에게 몸에 덜 해로운 소주, 입에 덜 쓴 소주라는 인식을 심어주며 시대적 트렌드를 주도했다.

광고는
누구를 위해 하는가

기업에서 브랜드를 알리는 도구는 영업사원의 구전 활동부터 프로모션Promotion, 광고Advertizing 그리고 홍보Public Relation 등으로 구분된다. 이 중에서 소비자와 브랜드가 직접 소통하는 중요한 창구는 홍보와 광고다.

기업에서 시행하는 광고는 크게 개별 브랜드를 알리는 광고와 기업 이미지를 제고하는 광고로 구분할 수 있다. 대개 소비자들은 개별 브랜드에 관심을 갖고 구매하지만, 개별 브랜드에 대한 인식이 형성되기 전에는 기업의 이미지와 신뢰도에 의지해 제품을 선택하는 것이 일반적이다. 그만큼 기업 이미지는 상품에 미치는 영향이 매우 크다. 이렇게 기업 이미지가 영향을 미치는 브랜드를 우산Umbrella 브랜드라고 하는데, 삼성, 현대차, LG, SK 같은 대기업이 기업 이미지 광고를 전략적으로 집행한다.

그런데 광고가 집행되는 과정은 알고 보면 비이성적이다. 광고가 기업과 제품에 미치는 영향이 크기 때문에 기업의 절대적인 관심이 집중되어 있고, 막대한 비용이 드는 만큼 최종 결정권자의 승인이 필수다. 그런 특성 때문에 광고의 간섭현상이 일어나기도 한다. 논리보다는 비용을 지불하고 그에 상응하는 결과물을 바라는 오너의 바람이 더 부각되는 경우가 많은 것이다.

경쟁사가 공격적인 혹은 색다른 광고로 소비자들의 주목을 끌면, 기업과 브랜드 이미지를 제고해 상품 판매율을 높이려는 기존의 목적은 잊은 채 경쟁사의 광고에 대응하거나 비슷한 내용의 광고를 집행하게 한다. 때로는 광고의 콘셉트는 물론 모델의 선택까지 오너의 성향과 기분에 따라 좌우되기도 한다. 이렇게 오너가 흔들리면 주객이 전도되어 광고의 목적이 광고 자체가 되어버린다. 오너의 기분에 맞춰 방향을 달리하면 할수록 이전에 집행한 광고 효과와 비용은 물거품처럼 사라지고 만다.

광고는 일관성 있게 지속적으로 집행해야 한다. 즉, 개별 브랜드나 기업의 이미지를 소비자들의 머릿속에 확실히 인식시키려면 반복적으로 노출되야 한다. 예를 들어 제일모직에서는 "내 가슴에 자전거가 있다"라는 카피슬로건Copy Slogan과 자전거 타는 젊은 여인을 출연시켜 그녀의 가슴에 자전거 상징을 그린 '빈폴BeanPole' 광고를 일관성 있게 10여 년간 노출해 이태리 브랜드 '폴로Polo'를 앞질렀다. 진로도 우리나라 최초로 공중파 광고를 하면서 "야— 야야—, 야—야야, 차—차—차"라는 두꺼비송을 시작으로 지금까지 두꺼비를 진로의 상징으로 활용하고 있다. 카스 맥주는 '카스 톡Tok!'이라는 메시지를 여전히 사용하고 있다.

그렇다고 한번 정한 것을 끝까지 밀고 갈 필요는 없다. 광고에서도 지켜야 할 가치, 즉 핵심 메시지나 핵심 표현 방법을 제외하고는 시대와 경쟁 상황에 맞게 유연성을 발휘하는 것이 현명하다. 그래야 브랜드 이미지가 오래 지속된다.

반면, 하이트는 출시 초기의 핵심 가치인 100% 암반 천연수와 온도계맥주 그리고 백두대간의 깨끗함까지 '천연과 자연'을 내세운 본질을 버리고 최근들어 오락가락하는 바람에 이미 소비자들의 머릿속에 새겨진 하이트와 현재 광고하고 있는 제품과의 인지불일치 **Cognitive Dissonance**가 일어나고 있다. 즉 브랜드 이미지 인식에 간섭현상이 나타나고 말았다.

그 결과 지금의 하이트는 딱히 떠오르는 것 없이 과거 화려했던 명성으로 간신히 명맥을 이어나가고 있는 실정이다. 예상컨대 다시금 새로운 핵심 가치를 심어주지 않는다면 브랜드의 생명력을 유지하기는 쉽지 않을 것이다.

전 세계에서 가장 잘 팔리는 보드카는 단연 앱솔루트 **Absolut**다. 앱솔루트는 지난 30년간 하나의 예술작품에 버금가는 1,000여 편의 광고걸작을 통해 소비자들과 창조적 소통을 나눴다. 하나의 콘셉트를 30년 이상 지속하면 사람들이 지루해할 것 같지만, 앱솔루트는 '아트 마케팅'으로 다양한 분야의 예술가와 협업을 통해 매번 새로운 변주의 광고를 선보이며 소비자들을 매혹시켰고, 보드카 시장의 최강자로 우뚝 섰다. 가장 뛰어난 20세기 광고 베스트 10에 선정될 정도로

          일등에는 신념이 있다

앱솔루트 보드카가 광고계에서 차지하는 위상은 독보적이다.

앱솔루트의 첫 번째 광고는 팝아트의 거장 앤디 워홀**Andy Warhol**
이 맡았다. 그는 특유의 스크린 판화 기법으로 앱솔루트 보드카를 표현했고, 그 파급력은 예술성과 상업성의 경계를 흔들었다. 앤디 워홀이 다른 예술가를 소개하는 네트워킹 효과는 앱솔루트 광고를 더욱더 창의적이고 재치 넘치게 만들었고, 키스 해링**Keith Haring**에 이르러서는 앱솔루트 광고 자체가 예술계에서 작품으로 인정받기 시작했다. 그 뒤로도 앱솔루트는 지면을 통해 존 레논**John Lennon**, 베르사체**Versace**, 백남준 등 다양한 예술가들에게 자유로운 창조적 실험을 허용했다. 이로써 단순한 주류였던 보드카에 '창조'와 '고급'의 이미지를 덧입힐 수 있었다. 이렇듯 앱솔루트가 지키고자 하는 예술적 콘셉트와 가치는 지속적으로 일관성을 유지하되 표현 방법과 기법은 새롭고 다양하게 창조함으로써 제품의 가치를 더욱 높이고 브랜드 이미지도 향상됐다.

브랜드 이미지를 소비자들에게 확실하게 심어주는 데는 광고만큼 효과적인 게 없다. 그러나 일관성과 유연성이 뒷받침되지 않으면 비용이 과하게 발생하거나 브랜드 가치가 하락할 수 있다. 제품의 핵심 가치인 콘셉트를 유지하면서 표현 방법을 그 시대에 맞게 업그레이드하여 일관성을 유지하는 것이야말로 날선 조직을 오랫동안 유지하는 또 다른 방법이다.

홍보야말로
최고의 기획

스타벅스 커피숍과 《해리포터》는 광고를 거의 하지 않고 홍보를 통한 미디어 전략으로 성공한 브랜드다. 스타벅스는 미국의 커피 전문 프랜차이즈로서 세계 최고급 원두커피 시장을 주도하고 있다. 1971년에 고든 볼커, 제럴드 볼드윈, 지브 시글은 캘리포니아에서 아라비카 커피에 매료되어 시애틀 사람들에게도 고급 원두커피를 맛보게 하고자 스타벅스를 설립했다. 1987년 회장 겸 최고경영자에 오른 하워드 슐츠**Howard Schultz**가 스타벅스를 세계적인 기업으로 키워놓았고, 1992년에 나스닥에 상장됐다. 지금은 전 세계 40여 개국에 총 9,000여 개의 매장을 가지고 있다.

스타벅스는 허만 멜빌**Herman Melville**의 소설 《모비딕》에 나오는 항해사의 이름인 '스타벅'에서 유래한 것이다. '스타벅'이 커피를 좋아한다는 데 착안해 그의 이름에 'S'를 붙여 스타벅스가 됐다. 스타벅스는 이런 브랜드 스토리텔링을 대표적인 SNS인 페이스북과 트위터 등에 전략적으로 올리면서 빠르게 알려졌다.

《해리포터》 시리즈도 광고는 최소화하는 대신 스토리텔링과 이벤트를 SNS나 매스미디어를 활용해 홍보했다. 예를 들어 출판사는 출간 전에 미리 100만 부 사전 예약이 있음을 독자들에게 알림으로써 폭발적인 인기로 책이 출간되어도 쉽게 구할 수 없을지도 모른다는 점을 암시했다. 그러자 출간 당일 독자들이 몇 미터씩 줄을 서서 구매하는 진풍경이 벌어졌다. 이렇듯 돈 한 푼 안 들이는 홍보가 많은 비용을 들여야 하는 광고보다 브랜드를 알리고 확산시키는 데 몇 배의 힘과 영향력을 가진다.

브랜드를 키우고 무너뜨리는 데는 언론도 한몫한다. 장수 제품인 농심의 새우깡은 봉지 안에서 생쥐머리가 나온 일명 '생쥐머리 사건'이 터지면서 언론을 통해 일파만파로 퍼져나갔다. 사건이 보도된 다음 날, 농심의 주가는 4.43% 급락했으며, 월매출 60억에 이르는 새우깡의 매출은 가파르게 감소해 일주일 만에 42%나 감소했다. 그리고 이 사건의 여파는 다른 업체로도 이어져 스낵류 기피 현상이 급속히 번져나가 전 제과업체에 비상이 걸리기도 했다.

얼마 전에는 신문사에서 술의 사회적 경제 손실을 언급하면서 '주폭'에 대한 기사를 시리즈로 다룬 적이 있다. 주류업계에 몸담았던 사람으로서 참으로 난감하고도 안타까운 일이 아닐 수 없다. 평생 술을 마케팅하면서 술의 순기능으로 사회에 기여하려고 나름 노력했는데, 언론에서 '주폭'이라는 신 용어를 만들어 연일 기사화하는 사이 주류업계의 이미지는 순식간에 바닥으로 떨어지고 말았다.

우리나라에서 제일 영향력이 큰 언론에서 주류의 사회적 문제점을 고발하다 보니 이 기회를 틈타 사회단체가 나섰고 공중파에서 뉴스로 다루면서 그 파급력이 커졌다. 그러자 국가기관인 경찰청도 적극적으로 '주폭' 퇴치에 나섰다. 서울 시청에서는 지하철과 버스 광고 및 쉘탑 광고까지 규제하기에 이르렀다. 충분히 짐작할 수 있듯이 '주폭' 캠페인으로 대형 주류회사가 가장 큰 타격을 받았다.

반대의 경우도 있다. 1929년 10월 21일. 1분간 전 세계에 칠흑 같은 어둠이 내렸다. 82세의 노인 에디슨이 50년 전에 이뤄낸 전구 발명의 순간을 재현한 것이다. "빛이 있으라"는 에디슨의 멘트와 함께 이윽고 세상이 밝아졌다. 이 극적인 광경은 미국의 전국권역 방송인 NBC를 통해 전 세계 수백만 시청자들에게 생중계됐다. 이 광경은 에디슨의 전기 발명 50주년을 기념해 미국 PR의 대부인 에드워드 버네이즈**Edward Bernays**가 주도한 '빛의 황금 축제**Light's Golden Jubilee**'의 하이라이트였다.

공식 후원은 포드 자동차의 설립자인 헨리 포드**Henry Ford**가 했고, GE**제너럴 일렉트릭**도 행사 준비에 참여했다. GE는 자사의 이미지 상승을 위해 당대 최고의 PR 기획자인 버네이즈를 고용했다.

버네이즈는 당시 미국의 후버 대통령에게 준비위원장직을 맡기면서 캠페인에 더욱 힘을 실었다. 그는 헨리 포드의 지원으로 유명인사나 정부기관, 외국의 협조를 얻어냈고, 미국 전역에 행사조직위원회를 설립했다. 또한 행사 당일을 휴일로 지정하는 데 성공하고 전기가 1분 동안 꺼졌다가 켜지는 이벤트를 진행했다. 이 행사로 GE는 최

The honor of your presence is requested
by
Mr. Henry Ford and Mr. Edsel Ford
at a
Celebration in honor of
Mr. Thomas Alva Edison
on the occasion of
The Fiftieth Anniversary of his
Invention of the Electric Light
and the dedication of
The Edison Institute of Technology
by
The President of the United States
on Monday October twenty-first
Nineteen hundred and twenty-nine
Dearborn, Michigan

R.S.V.P.

빛의 황금 축제 축하의 초대장
ⓒThe Henry Ford

빛의 황금 축제 기간에 찍은 보스톤 공공 도서관의 야경
ⓒBoston Public Library

고의 기업으로 인식됐다. 또한 GE는 웨스팅 하우스 **Westinghouse Elec-tric Company**를 확실히 제치고 전기 분야에서 일등 기업으로 포지셔닝했다.

이렇듯 언론이 관심을 가질 수밖에 없는 기발한 소재를 발굴해 소스를 제공하고, 그것이 자가발전되면 대중에게 크나큰 영향을 미칠 수 있다.

폭탄주 문화에 얽힌 이야기

폭탄주가 언제부터 생겼는지 정확히 알 수 없다. 다만 1983년 박희태 전 국회의장이 검사 시절 춘천에서 군 장성들과 함께 술자리를 하면서, 그들의 기를 누르기 위해 맥주에 양주를 타서 마신 것에서 유래했다는 설이 유력하다. 처음에는 폭탄주가 상류층의 음주문화였으나 점점 일반인에게 전해졌다고 한다.

폭탄주 문화는 시대에 따라 약간씩 변화했으며, 요즘에는 경기가 어려워지면서 '양폭양주+맥주'보다는 '소폭소주+맥주'이 대세다.

그렇다면 소폭문화가 생기면서 소주 회사와 맥주 회사 중 어느 쪽이 더 이익일까? 결론부터 말하면 맥주 회사가 웃었다. 예전부터 소주는 서민의 술이라 할 정도로 국민적으로 잘 팔렸던 반면, 맥주는 소비층이 한정적이었다. 하지만 소폭문화가 생기면서 소주보다도 맥주 판매량이 급상승했다.

PART 3

琢 : 쫄탁

매출 목표는 집요하게

세상 만물은 음양의 이치에 따라 서로 잘 맞는 짝이 있다. 아무리 좋은 칼도 칼잡이와 궁합이 맞지 않으면 소용이 없다. 횟집의 주방장들은 자기가 쓰는 칼을 절대로 다른 사람에게 빌려주지 않는다. 그동안 기술을 연마해오면서 자기 손에 완전히 익숙해진 것도 있지만, 사람마다 칼을 사용하는 방법이 다르기 때문에 다른 사람이 사용하면 자칫 다칠 수 있거니와 칼날이 다르게 변할 수 있기 때문이다.

실행 단계에서 필요한 것은 자원의 집중력이다. 한정된 자원을 집중적으로 투자함으로써 능력이 분산되는 것을 방지하고, 최대 효과를 거둘 공격 지점을 찾아내는 것이다.

냉장고 크기의 얼음을 떼어내야 할 때는 야구방망이로 내리치면 표면만 조금 깨질 뿐 두 동강 나지 않는다. 오히려 손바닥만 아플 것이다. 끝이 뾰족한 쇠망치로 중심부를 내려치면 쩍 하고 갈라진다. 야구 방망이와 쇠방망이의 차이가 바로 자원의 집중력이다.

chapter 07

매출의 신념

상품의 흐름을 놓치지 마라

세기의 히트 상품이라 해도 시간이 지나면 반드시 성숙기**Mature stage**에 이른다. 성숙기가 되면 해당 제품의 판매액은 급속도로 둔화되는데, 그 이유는 여러 경쟁사가 치열한 경쟁을 벌이면서 브랜드 가치가 하락하기 때문이다. 특히 가격 경쟁이 치열해진다. 이때 조직이 현재의 캐시카우 제품에 도취되어 시장을 방치하거나 무뎌진 감각으로 소비자들의 잠재욕구를 읽어내지 못한다면 그 자리를 호시탐탐 노리는 후발주자나 제3세력에게 시장을 빼앗기고 만다. 이는 루이스 캐럴**Lewis Carroll**의 《이상한 나라의 앨리스》에 등장하는 '레드퀸 경쟁**Red**

Queen Competition'과 같은 논리다. 다시 말해 뛰고 있는 나를 경쟁자가 앞선다면 상대적으로 뒤처지게 되는 것이다.

시장에는 매일같이 수많은 제품과 브랜드가 쏟아지고 있다. 매대에 진열 한 번 못 해보고 사라지는 제품도 부지기수다. 그래서 신제품이 출시되면 영업자들은 밤낮으로 매장을 돌면서 우리 회사 제품이 잘 진열되고 있는지 점검하느라 바쁘다. 매출 확인차 소매점에 방문했는데 매대에 해당 제품이 눈에 띄지 않아 소매업자들에게 물어보면 이렇게 답한다.

"그 제품을 찾는 사람이 없어요. 소비자들이 찾는 제품을 위주로 취급하고 진열을 해야 우리도 먹고살 것 아닙니까."

이런 소리를 들으면 영업자들은 맥이 풀린다.

대기업의 경우 시장의 흐름을 놓치지 않기 위해 소매점과 대형 양판점 등을 대상으로 카테고리와 지역별로 취급율·진열율·품절율 등을 점검하는데, 보통 글로벌 조사업체에게 외주**Outsourcing**로 조사를 의뢰한다. 대표적인 시장 조사기관으로 AC닐슨**AC Neilsen Retail**을 들 수 있다. AC닐슨은 소매점, 할인점, 편의점 등을 전문적으로 조사하는 곳으로, 전국 13만2,000개의 소매점 가운데 매월 일정의 소매점을 선정해 매입량과 매출량, 재고량 등을 파악하여 전년·전기·전월 등으로 비교해 상품의 흐름을 파악한다.

이 자료는 매월 단위로 통계 처리되어 신속하게 서비스되는데,

이를 잘 활용하면 시장의 추이를 읽어낼 수 있다. 문제는 보고받는 마케터가 어떻게 이 조사 결과를 받아들이고 각색하여 CEO에게 전달하느냐에 따라 회사의 운명이 달라진다는 것이다. 마치 의사의 진단 결과를 놓고 환자가 심각하게 받아들이느냐, 대수롭지 않게 받아들이느냐에 따라 곧바로 치료를 받아 빠른 시일 내에 완치하거나, 치료를 미루다 병을 키워 대수술을 받고 고생하느냐는 것과 같은 이치다.

아무튼 이 자료는 변화의 흐름을 빠르게 감지해 선행적으로 대처할 수 있는 데이터로서 상당한 신뢰성이 있다. 만약 분석 결과 품절율이 늘어나고 취급율이 줄어들고 있다면 그 회사는 심각한 위험에 처해 있음을 뜻한다. 이는 소매점이나 할인점 등에서 특정 브랜드의 진열율을 줄이고 고의로 품절시키는 것이 아니라 그야말로 소비자들이 그 브랜드를 선호하지 않아 판매가 더디거나 안 됨으로써 자리만 차지하고 해당 소매점의 매출에 악영향을 끼치기 때문에 잘나가는 제품 위주로 진열율을 높인 탓이다.

이를 단순히 영업적인 유통의 문제로 치부하며 지나칠 경우, 대수롭지 않게 여긴 병으로 생명까지 위협받는 시한부 회사로 전락할지도 모른다.

1992년에 우리는 수도권 소매점의 맥주 취급율과 진열율, 품절율을 조사했다. 그 결과 OB맥주 취급율은 100%, 크라운 맥주의 취급율은 5%로 집계됐다 **취급율은 각 회사의 제품이 전 소매점 중에 각각 몇 군데씩 진열되**

었느냐의 문제다. 100개의 소매점 중 100군데 진열됐으면 100%다. 진열율은 OB맥주 90%, 크라운 맥주 10%로, 품절율은 OB맥주 0%, 크라운 맥주 10%로 집계됐다.

집계 결과를 보고 받은 임원들은 크라운 맥주가 소비자들로부터 외면당하고 있는 원인을 영업 탓으로 돌렸다. 맥주 맛이나 품질은 경쟁사보다 좋은데 영업 쪽에서 경쟁사에게 밀렸기 때문이라며 영업 지점장들을 압박하기 시작했다. 이내 황당한 일이 벌어졌다.

임원들은 CEO가 주로 다니는 식당이나 슈퍼마켓 등에 미리 특별 판촉팀을 보내 크라운 맥주의 진열율이 높아 보이게 했다. 당연히 손을 써둔지 모르는 CEO 눈에는 크라운 맥주가 시장에서 잘 팔리는 것처럼 보였다. 시장 상황을 제대로 파악하고 대책을 세워야 할 CEO의 눈과 귀를 막는 치졸한 일이 스스럼없이 이루어진 것이다.

심지어 오너가 홍천 공장 건설 현장으로 이동하다가 혹시 슈퍼마켓에 들러 진열율을 확인할까 봐 아예 슈퍼마켓 문밖에 크라운 맥주를 담아둔 P-BOX 플라스틱 상자를 철사로 묶어두기까지 했다. 물론 슈퍼마켓 주인에게 매월 일정 금액을 수고비로 지불했다.

누구를 위한 영업이고 누구를 위한 기업인지 한심할 뿐이다. 영업 지점장은 소비자 만족도가 떨어져 판촉이 되지 않아 어쩔 수가 없다는 입장이었다. 그렇다고 영업 실적이 나쁘다는 이유로 징계를 당할 수는 없지 않느냐며 억울해했다.

실질적인 판매를 위해 사용해야 할 돈**비용**이 엉뚱한 데로 흘러나가고 있는데도 CEO는 제품 진열 상태가 좋다며 크라운 맥주가 잘 팔리는 것으로 단단히 착각하고 있었다. 이번만은 피하고 보자는 눈 가리고 아웅 식으로 하는데 조직이 제대로 굴러갈 리가 없었다.

규칙을 만드는 사람이
결국 웃는다

이미 선두주자가 장악한 시장에서 후발주자가 살아남기는 쉽지 않다. 선두주자가 이미 소비자에게 갈 수 있는 쉬운 길**Route**을 막아놓았기 때문이다. 이에 도전하기 위해서는 새롭게 자신만의 길을 개척하거나 선두주자들과 정면으로 맞서는 방법뿐이다.

후발주자는 둘 중 어느 길이 비용 대비 효용성이 뛰어난지 판단해야 한다. 선두주자들과 같은 길을 간다고 해도 진입장벽으로 막힌 길은 돌아가는 유연성도 필요하다. 잠시 샛길로 우회해 그들이 장악한 길의 빈틈을 찾아 숨을 돌려야 한다. 즉 역발상 전략이 필요하다.

예를 들어 CJ는 천연원료 콘셉트인 '식물나라'라는 브랜드로 화장품 시장에 진입할 때 기존 유통업체의 저항에 밀려 고전을 면치 못했다. CJ는 주요 유통망인 화장품 할인매장 대신, 슈퍼마켓을 새로운 유통망으로 개척했다. 화장품이 고급 사치품이 아니라 슈퍼마켓에서도 살 수 있는 생활용품이라는 콘셉트를 부여한 것이다. 예전에는 전혀 생각지 못했던 방식으로 시장에 진입한 CJ는 소비자들에게 품질과 가격을 테스트받았다. 이후 점진적으로 기존 유통망에 침투해 시장을 확대하며 경쟁력을 갖춰나갔다.

전통주의 저변 확대로 성공한 '백세주'와 '산사춘'도 유통의 역발상 전략을 통해 성공했다. 종합주류 도매면허업자나 수입주류 도매면허업자를 통해서만 소비자에게 접근이 가능한 시장에 전통주라는 특성을 활용해 자체 유통대리점을 모집한 후 직접 판매에 나선 것이다. 그때 만약 기존 유통망에 의존해 시장에 진입하고자 했다면 이미 시장을 장악한 경쟁자들의 장벽에 가로막혀 고사하거나 특정 지역의 지방주로서 간신히 명맥만 유지하고 있을지도 모른다.

하이트 출시 초기에도 선두주자의 유통시장 장벽에 막혀 막다른 골목에 몰린 적이 있다. 당시에는 OB맥주가 전국 점유율 70%, 특히 수도권 점유율은 85%로 가정용은 95%나 됐다. 또 두산 그룹에서 생산하고 공급하는 코카콜라, 두산우유, 종가집 김치, OB맥주, 그린소주, 초이스커피 등의 상품들이 슈퍼마켓 매출액의 50% 이상을 점유하고 있었기 때문에 음성적인 진입 방해도 만만치 않았다.

이런 상황에서 후발주자가 할 수 있는 것은 소비자가 브랜드를

   일등에는 신념이 있다

스스로 찾도록 하는 풀**Pull** 전략 혹은 2차 거래처**Retail dealer** 에서 우리 제품을 알아서 구매하도록 상품의 장점을 알리는 것뿐이었다. 이에 따라 하이트맥주는 주류업계 최초로 경로판매**Route Sales** 시스템과 마케팅 여성사원**Marketing Lady** 제도를 도입해 2차 거래처의 벽을 허물고자 했다. 우선 이 시스템의 도입을 위해 당사 직원을 대상으로 100여 명을 모집해 교육시킨 후 1차 거래처**Wholesaler** 에 맥주 운송차량과 함께 전진 배치했다. 그리고 경쟁사 직원이 없는 오후 늦은 시간에 2차 거래처에서 주문이 들어오면 하이트만 선적해 배송했다. 이미 경쟁사가 1차 거래처와 친밀한 관계를 맺고 있었고, 도매점에서 소매점으로 경쟁사의 제품을 알아서 배송해주는 상황에서 어쩔 도리가 없었다. 경쟁사가 우월한 지위를 남용해 독점적으로 판매경로를 장악하고 있었기에 많은 비용이 든다 해도 경로판매 시스템과 마케팅 여성사원 제도의 도입은 선택이 아닌 필수였던 것이다.

아무리 진입장벽이 높아도 지혜롭게 전략을 수립하면 얼마든지 새로운 시장을 개척할 수 있다. 막힌 장벽을 무너뜨리고 소비자들에게 다가갈 수도 있다. 도전에 국경을 두지 않으면 새로운 길은 보이게 마련이다.

베풀고
또 베풀어라

'템플턴 상'은 종교계의 노벨상이라 불리며, 개인이 받을 수 있는 상 중에서 아브라함 상에 이어 두 번째로 상금이 많다. 이 상을 제정한 존 템플턴은 1954년 '템플턴 성장 펀드**Templeton Growth Fund**'를 만든 후 월 스트리트 최고의 펀드매니저로 활약했다. 그는 단순히 투자 수익률이 높은 펀드매니저가 아니다. 제대로 된 경영과 부의 올바른 사용으로 더 유명하다. 그가 3만4,000파운드를 내놓아 존 템플턴 재단을 설립하고 이 상을 제정한 이유도 여기에 있다.

많은 기업인이 지킬 것 다 지키고 착하게 살면서 어떻게 기업을 하느냐고 이야기하지만 템플턴의 생각은 달랐다. 고객을 진정으로 위하는 것, 사회에 도움되는 일을 하는 것이 결국은 기업을 키운다고 생각했다. 그는 자신이 몸소 실천해 이를 증명했다.

최근 들어 우리나라 기업들도 투명성을 제고한다거나 사회에 이윤의 일부를 기부한다거나 환경보호운동에 앞장서서 저탄소운동, 에너지 절감운동 또는 관련 제품 생산을 통한 지구환경보전 실천운동에 앞장서고 있다. 또한 지체장애자 고용 기업 상품 구매, 미성년 아동들의 노동력 착취 근절운동 등 노동인권에도 눈을 뜨기 시작했다. 기업이 가치 있는 일을 한다는 사실을 보여주어 해당 기업의 제품이나 서비스를 이용하는 것만으로도 더불어 사는 사회에 소비자들도 기여한다는 느낌을 주는 공익 마케팅을 전개하는 것이다.

2009년에 진로는 호남 지역에서 보해의 '잎새주'에 밀려 시장 점유율이 16% 이하로 하락했다. 이에 진로는 '진로 참이슬 情 나눔' 프로젝트와 '대학생 참이슬 情 나눔 봉사단'을 운영해 공동체 의식을 보여줌으로써 광주·전남 지역에서 점유율을 21%까지 끌어올릴 수 있었다. 반면 보해는 광주·전남을 대표하는 소주인 '잎새주'라는 브랜드로 지역민들의 아낌없는 사랑을 받았으나 대주주가 저축은행에 불법 대출을 받은 사실이 밝혀져 비윤리 기업으로 낙인찍히면서 악화 일로를 걷고 있다.

1991년 리즈 클레이본**Liz Claiborne**이라는 미국의 의류회사는 지지부진한 사업에 활력을 불어넣기 위해 여러 가지 방법을 모색했다. 유사 상품의 범람 속에서 브랜드의 차별화는 더욱 어려워지고 점점 더 경쟁은 치열해졌다. 그 속에서 살아남기 위해 그들은 공익 마케팅을 선택했다.

주요 고객층인 여성을 위하면서도 그들의 문제를 해결하는 데 도움이 되고 동시에 뉴스거리가 될 이슈를 찾던 중 '가정폭력 예방기금'이라는 단체와 손을 잡고 본격적인 공익 마케팅을 펼쳤다. 캠페인은 대성공이었다. 가정 폭력에 대한 사회의 관심을 이끌어내는 동시에 기업 이미지를 높여 회사의 경영에 큰 도움이 됐다.

리복 후원의 '휴먼 라이츠 나우' 로고가 인쇄된 티셔츠

신용카드, 여행자 수표 등 여러 가지 금융 서비스를 제공하는 아메리칸 익스프레스American Express 또는 Amex 카드는 1990년대에 카드 사용액의 3%를 기아 퇴치 운동에 기부했다. 1초당 1,740명이 소비 행위를 하고 2011년 거래 규모가 약 7,000조 원으로 중국 GDP와 맞먹는 비자카드는 'Reading Is Foundamental RIF'이라는 아동복지를 위해 일하는 자선기관과 함께 '내게 책을 읽어 주세요'라는 캠페인을 벌여 문맹 퇴치 운동에 앞장섰다. 브리티시British 항공은 더는 쓸 일이 없는 외국 동전을 기내에서 수거해 유니세프에 기부해 브랜드 이미지를 크게 높이는 데 성공했다.

이밖에 BMW는 '유방암 퇴치 캠페인'을, 화장지 회사인 안드렉스Andrex는 '맹인' 인도견 후원 캠페인을, 유명한 스포츠 브랜드인 리복은 인권 보호 운동에 앞장서고 있다. 리복은 1988년 국제인권위원회가 주최하는 세계순회공연 '휴먼 라이츠 나우Human Rights Now'를 후원했다. 브루스 스프링스턴, 스팅, 피터 가브리엘 등 쟁쟁한 팝 스타들이 참여한 이 순회공연에 리복은 1000만 달러 이상의 후원금을 내놓았다. 리복의 한 해 마케팅 금액의 90%를 차지할 정도로 막대한 투자였다. 또 리복은 일회성 후원에 그치지 않고 '리복 인권상'을 제정해서 매년 인권 보호를 위해 헌신한 4명의 젊은이들에게 이 상을 수여한다. 이 같은 후원을 통해 리복은 단순히 이윤만 추구하는 기업이 아닌, 젊은이들의 꿈과 희망을 위해 함께 걸어가는 기업이라는 이미지를 심는 데 성공했다. 이처럼 기업들이 좋은 일에 나서서 기업의 이미지를 드높임으로써 기업의 매출과 이익 면에서 큰 효과를 거두고 있다.

기업이 사회 문제에 적극 개입함으로써 사회에 기여하는 동시에 기업에도 이익이 되자는 공익 마케팅에서 중요한 점은 기업의 이미지, 고객, 제품과 결부되는 활동을 찾는 것이다. 아무 연관이 없는 것보다는 관련성이 있을 때 소비자들도 기억하기 좋고 기업도 좀 더 큰 의미를 찾을 수 있다.

그런 면에서 '우리 강산 푸르게 푸르게'라는 운동을 오래전부터 벌이고 있는 유한킴벌리는 제품과 캠페인 사이에 연관 관계가 높다. 이로써 환경친화적이면서 정직한 회사로 기업 이미지를 고취시키고 있다.

12대에 걸쳐 300년간 부를 유지해온 경주 최씨 가문은 집안을 다스리는 제가齊家의 가훈인 〈육훈六訓〉과 자신의 몸을 닦는 수신修身의 가훈인 〈육연六然〉을 소중히 전하고 있다. 이 가운데 '흉년기에 재산을 늘리지 말 것남이 어려울 때 헐값으로 땅을 사는 것을 금지', '사방 백 리 안에 굶어죽는 사람이 없게 할 것남의 고통을 모른 척하지 말라'이라는 가르침은 주변을 돌보지 않고 자기 혼자만 배를 불리는 것을 경계하고 있다.

세월이 흘러 지금은 그때와 전혀 딴판인 세상이 됐지만, 기업도 옛 가르침에 따라 사회에 기여하고 가치 있는 일을 할 때 그 기업은 지속가능한 성장을 이룰 수 있다.

  일등에는 신념이 있다

chapter 08

현금의 신념

재무팀과 총무팀의
퇴근 시간에 주목한다

일본이 제2차 세계대전으로 패망을 딛고 발전할 수 있었던 원동력에 대한 몇 가지 설이 있다. 그 중 가장 눈길을 끄는 것은 패전으로 어려운 상황에 처했음에도 불구하고 도쿄 대학교 도서관은 24시간 불이 꺼지지 않았다는 설이다. 밤낮없이 공부에 매진했던 그 젊은이들은 졸업 후 기업에 입사했고 일본의 유수 기업의 브레인으로 성장했다. 그들이 맹활약하여 일본 경제가 살아났다고 할 정도로 패전국의 오명을 벗어던지기 위해 얼마나 많은 노력과 열정을 쏟았는지 두말할 필요가 없다.

조직의 성장도 마찬가지다. 회사의 어느 부서가 밤늦도록 일하느냐가 그 기업의 성장 척도가 된다. 우선 기업의 미래성장성을 목표로, 조직의 시스템이나 프로세스의 변화와 혁신을 주도하는 기획팀의 불이 꺼지는 시간을 눈여겨봐야 한다. 이들은 회사의 브레인 역할을 담당한다. 그 다음으로는 회사의 성장가능성을 좌우하는, 즉 회사의 매출을 담당하는 영업마케팅팀의 퇴근 시간을 살펴봐야 한다. 만약 회사 내에서 이 두 부서가 일하는 사무실이 밤늦도록 환하다면 그 회사는 지속적으로 성장하고 있다고 말할 수 있다.

반면 회사의 재산관리, 직원의 출퇴근 및 규율 관리, CEO 의전 등 제반업무를 총괄하는 총무팀과 은행 마감 시간에 맞춰 일을 조율할 수 있는 재무팀의 사무실은 퇴근 시간과 동시에 불이 꺼지는 것이 바람직하다.

예를 들어 기획팀, 영업 마케팅팀, 연구소와 같이 기업의 미래가치를 창출하는 데 밀접한 관련이 있는 부서나 매출의 최전방부대인 영업팀 직원들이 할 일이 없어 제 시간에 퇴근한다면 문제가 발생하고 있다는 신호다. 며칠째 밤늦게까지 재무팀이 일을 하고 있다면 자금 흐름이 나빠졌음을 뜻하며, CEO와 임원들을 보좌하는 총무팀이 야근이 잦다면 당장 해결해야 할 문젯거리들이 산재해 있다는 방증이다.

조선맥주도 조직이 무뎌지고 회사의 성장에 제동이 걸리면서 이런 현상이 일어났다. 맥주 판매가 감소하면서 영업팀은 마감을 빨리 끝내게 됐고 자연스레 일찍 퇴근했다. 더욱 큰 문제는 매출 목표를 달성하려다 보니 밀어내기Push 식으로 제품을 내보내게 됐다는 것이다. 기존에 출고한 제품이 남아 있는데도 거래처에 부담을 지우는 우격다짐식의 영업방식은 부작용을 낳았다. 거래처에서는 상품대금 결제를 차일피일 미루게 되었고, 영업마케팅팀에서는 반드시 수금을 해서 회사가 요구한 목표치를 달성해야 했다. 이런 일이 반복되면서 영업사원과 거래처의 관계는 소원해질 수밖에 없었다. 급기야 거래처에서는 조선맥주 제품을 받으려 하지 않았고, 결과적으로 소비자에게 외면당하는 꼴이 되고 말았다. 재무팀에서는 매출이 줄어든 데다 이미 판매한 매출채권이 잘 회수되지 않자 자금 흐름이 원활하지 않았다. 그러자 기존 대출금에 대한 상환 연장과 함께 사채를 발행하는 횟수가 늘어났고, 매월 결산 보고서를 작성하는 등 산재한 문제를 해결하다 보니 야근을 밥 먹듯이 해야 했다.

매출이 하락 곡선을 그리면서 기획팀은 매출이 줄어든 만큼 예산을 줄여 이익을 맞추려는 최악의 방법을 택했다. 기획팀은 '클린 경영'이란 미명 아래 급작스럽게 내부 감사를 실시했고 직원들의 투서나 제보를 받아 본격적으로 뒷조사에 돌입했다. 시간이 갈수록 회사는 누구도 믿지 못하는 험한 분위기로 흘러갔다. 책임지려는 사람은 없고 서로 남 탓만 해댔다.

당신 회사에는 어느 부서의 사무실에 가장 늦도록 불이 켜져 있
는가?

채권 회수에
집착하라

비즈니스에서 마지막 단계는 채권 회수다. 기업의 순환 과정인 원료
구입부터 생산 · 관리 · 물류 · 이동 · 판매, 그리고 채권관리 단계까지
무리 없이 진행되는 것이다. 즉, 채권이 회수돼야 기업의 이윤이 창출
되어 돌아온다. 그렇지 못하면 기업의 순환 과정에 적신호가 켜진다.

요즘에는 '외상'이라는 말이 생소하지만, 예전에 술값은 대부분
외상이었다. 1970~1980년대 대학가에서는 '술값 외상' 문화가 만연했
다. 외상으로 술 먹고 맡긴 학생증만 한 포대다, 술값을 갚지 못해 졸
업 때까지 학생증 없이 지냈다 등의 이야기가 전해지는 걸 보면 오죽
했겠는가. 직장인들도 월급날이나 보너스가 나오는 달에 밀린 술값
을 갚는 게 흔한 풍경이었다. 이때는 주류업계에서도 외상이 보편적
이었다.

문제는 '외상'으로 주류 회사가 큰 손실을 떠안고 위험에 처할

     일등에는 **신념**이 있다

수 있다는 것이다. 우리나라에는 법률상 '1년의 단기소멸시효'라는 규정이 있는데, 술값을 1년이 넘도록 갚지 않아도 기업이 거래처에 독촉이나 청구를 하지 않으면 법률적으로 시효가 완성된다는 뜻이다. 회사 입장에서 보면 엄청나게 위험한 규정이다. 만약 영업사원이 받을 채권외상을 잘못 관리하면 회사에 재산상 막대한 손실을 끼칠 수도 있기 때문이다. 그러므로 기업에서는 매월 말일이 되면 채권 잔액을 전 거래선에 재확인한다. 물론 잘나가는 제품이 있는 회사에게 이런 걱정은 기우에 불과하다.

1990년 OB맥주의 전국 시장 점유율은 72%가 넘었고, 수도권에서는 90%에 근접했다. OB맥주는 대금을 먼저 받고 제품을 출고할 정도로 그 위세가 대단했다. 그리고 전략적으로 거래처에 지원한 채권을 포함해 60억 원 내외로 관리됐는데 당시 채권회전기일이 평균 6일 이내였음을 감안한다면 현금 장사나 다름없었다.

반면에 크라운 맥주를 내세운 조선맥주의 매출액은 OB맥주의 반도 되지 않았다. 그런데도 채권은 OB맥주의 15배가 넘는 900억 원에 육박했다. 더욱 심각한 문제는 거래처 부도로 받아야 할 채권이 소송 중이거나 거래처 폐업으로 받을 수 없는 불량 채권이 부지기수였다는 것이다. 크라운 맥주의 브랜드 선호도가 바닥을 헤매는 탓에 담보가 부족한 불량 거래처에도 맥주를 판매했기 때문에 이런 불상사가 벌어졌다.

거래처에서는 시장에서 잘나가는 순으로 대금을 결제했다. 진로 소주, OB맥주, 조선맥주 순으로 말이다. 대금 지급 순서상 최하위인 조선맥주는 차후에 지급할 예정이니 기다려달라며 자금 부족을 이유로 대금 지불을 차일피일 미루었다. 서러운 현실이지만 조선맥주의 영업사원은 거래처에 큰소리칠 형편이 못됐다. 이런 일이 반복되면서 조선맥주의 채권 회전기일은 50일까지 늘어나기도 했다. 절체절명의 순간이었다.

회사의 생사가 걸린 위기의 순간 다행히 하이트가 소비자들의 큰 호응을 얻으며 조선맥주의 매출이 증가했다. 채권 절대금액**채권 총금액**은 판매액 증가로 조금 늘기는 했지만 회전기일은 눈에 띄게 줄어들었다. 하이트의 인기가 고공행진하자 물량 확보가 시급했던 거래처들은 그동안 미뤄오던 크라운 맥주 판매 대금까지 지불하기 시작했다. 영업사원들은 판매가 부진하고 채권 회수도 힘들었던 시절에 거래처로부터 받았던 서러움을 한방에 날려보냈다.

안 될 제품은
과감히 퇴출시킨다

적들의 반격에 밀려 후퇴하던 중 소대원 한 명이 적의 총에 맞아 중상

 일등에는 신념이 있다

을 입었다. 이 병사를 데리고 후퇴하자니 자칫하면 전 소대가 괴멸당할 위험에 처했다. 이럴 때는 어떤 결정을 내려야 할까? 어디 다섯 손가락 깨물어 안 아픈 것이 있겠느냐마는 모두 죽을 수는 없는 노릇 아닌가. 대를 위해 소를 희생할 수밖에.

기업의 브랜드 전략에서도 이익은커녕 원료 구입비, 창고 관리비, 재고 상품 처리비, 마케팅비 등 기업의 어려움만 가중시키는 제품은 과감히 생산을 중단해야 한다. 그래야 더 큰 손해를 피할 수 있다.

세계적인 컨설팅 회사인 미국의 보스턴컨설팅그룹Boston Consulting Group, Inc.이 1970년대에 만든 전략도구인 BCG매트릭스를 참고하면 큰 도움이 된다. BCG매트릭스는 기업의 사업구조가 경쟁력이 있는가를 판단하기 위해 고안된 지표다. 이 지표에 따르면 모든 사업은 싸이클을 타는데, 처음에 '물음표' 사업으로 시작한 비즈니스가 시장점유율이 높아지면서 '스타Star' 사업이 됐다가 점점 성장률이 낮아지면서 '현금 젖소Cash cow'가 되고 마침내 점유율까지 떨어지면 '개Dog' 사업이 된다는 것이다.

즉 아무리 지금 잘되는 스타 사업이 있다고 해도 결국 성장률과 점유율이 떨어질 수밖에 없기 때문에 경영자들은 반드시 '물음표' 사업에 투자를 게을리해서는 안 된다는 것이 요지다. BCG매트릭스는 브랜드의 경쟁력 수준을 평가하는 지표로 활용할 수 있다. 소위 '개Dog' 상품의 경우 서둘러 정리해야 한다.

크라운 맥주의 생산을 언제 중단할지 고심하던 중 하이트의 판매량이 크라운 맥주의 매출액을 초과할 것으로 예상되는 시점에 단종하기로 계획을 세웠다. 당시 임원들의 반발이 무척 거셌지만 밀어붙일 수밖에 없었다. 크라운 맥주의 매출은 급감하고 있었고, 회사의 신용도에 악영향을 끼칠지도 모르는 상황이었기 때문이다. 크라운 맥주의 임원들은 그들과 함께 동고동락하며 그 자리까지 올려준 효자 상품을 회사에 부담이 된다는 이유로 단종하다니 흔쾌히 수락할 수 없었을 것이다. 그러나 이윤 창출을 목적으로 하는 기업에서 몇몇 개인의 기분을 맞추느라 회사를 위기로 몰고 가는 브랜드를 유지할 수는 없는 노릇 아닌가.

크라운 맥주를 단종하면서 생산 라인 개보수 작업을 진행했다. 부가가치가 높은 하이트 **크라운 맥주보다 20% 높은 가격** 생산량을 늘려 크라운 맥주를 대체하자 물류 재고 비용이나 마케팅 비용의 효율성이 높아졌다. 더불어 기업의 수익성도 좋아졌다. 그러자 고위층 임원들의 우려와 반발도 금세 사그라졌다.

진로가 하이트맥주로 인수된 후 진로의 브랜드별 수익성을 파악해보니 '진로 와인쿨러', '진로 천국', '진로소주 25도 **왕관형 마개로 오프너 필수**' 제품이 창고에 수북히 쌓여 있었다. 이 제품들을 계속 생산하려면 생산 시 잡다한 라인 교체 작업이 따르기 때문에 수율이 하락하는 등 회사의 수익성에 전혀 도움이 되지 않았다. 과감히 단종을 결정하고 '참眞이슬露'와 '참이슬fresh'를 주력상품으로 삼았다. 그리고 주종이 다른 '진로포도주'와 '매화수', '진로동의보감 복분자'를 보조 상품으로, '일품진로'를 기술적 특성화 상품으로 지정했다. 이렇게 브랜드 포트폴리오**Brand Portfolio**를 수립하자 진로의 매출구조에 청신호가 들어왔다.

이렇게 될 놈과 안 될 놈을 구분해 안 될 놈은 퇴출시키고 그에 따른 비용을 될 상품에 집중시킴으로써 비용의 효율성을 증대시키고 기업의 수익성도 향상시켜야 한다.

 # 재투자의 신념

단기 실적에 집착하면
내일은 없다

1993년 5월 1일 국내 최초 비열처리 **MCF; Micro Ceramic Filtering** 공법을 도입해 맛이 살아 있는 맥주를 출시했다. 그것이 하이트다. '지하 150m의 100% 암반천연수 맥주'라는 콘셉트로 광고를 내보냈는데 공전의 대히트를 치면서 전 언론사와 마케팅 학계의 주목을 받았다. 그해 하이트는 한국능률협회에서 수여하는 히트 상품 대상**大賞**을 받았다. 또 출시 후 6년간 과감한 투자로 2007년까지 전국 시장 점유율 59%를 상승시켰다.

하이트가 히트하면서 조선맥주는 성공 가도를 달리는 듯했다.

지하 150m의
100% 천연수로 만든
순수한 맥주―
하이트
100% 천연
HITE
HITE BEER
FROM PURE NATURAL WATER
HITE
CHOSUN BREWERY CO. LTD.
조선맥주 하이트
하이트 맥주

지하 150m의 100% 천연수로 만든 순수한 맥주―하이트
하이트,
이런 맥주를 맛보았는가?
HITE
HITE BEER
HITE
하이트 맥주

하이트 출시 광고

그러나 뜻하지 않은 불운이 다가오고 있었다. 힘겹게 성공시킨 하이트가 투자비용을 회수하려는 차에 IMF 금융위기가 터지고 만 것이다. 일시적으로 자금 압박이 왔다. 회사에서는 이 위기를 모면하기 위해 재무통을 CEO 자리에 앉혔다.

재무통 출신의 CEO는 분명 장점이 있다. 재정적 어려움을 누구보다도 잘 해결할 것이다. 그러나 재무적 압박에 대한 해결책으로 단기 실적을 높이려면 최우선으로 마케팅 비용을 대폭 축소할 수밖에 없다. 그다음은 원가와 인건비 절감이다. 개인이나 일반 가정에서 수입이 줄거나 물가가 급격하게 오르면 지출부터 줄이듯이 기업에서도 마찬가지로 자금을 확보하기 위해 할 수 있는 가장 쉽고도 간단한 방법이 비용 절감이다. 특히 소비자들에게 어느 정도 인지도를 얻은 제품의 경우에는 가장 먼저 마케팅 비용을 줄인다. 광고나 홍보를 하지 않아도 제품에 만족한 소비자들이 알아서 찾아줄 것이라고 믿기 때문이다. 물론 이런 극약 처방은 단기적으로는 효과를 볼 수 있지만 장기적으로는 브랜드 이미지 약화로 부메랑되어 기업의 매출에는 악영향을 끼치게 되는 것이다.

예를 들어 무리한 원가절감으로 품질이 낮아지면 제품에 대한 신뢰도나 제품의 가치가 떨어지게 되고 결국 소비자들은 등을 돌리고 만다. 회사는 마케팅 비용과 원가를 절감함으로써 확보한 자금의 몇 배, 심할 경우 몇 십 배를 매출에서 손해 보는 것이다.

조선맥주하이트맥주로 1977년에 법인명 변경 역시 재무통 출신의 CEO
가 취임하면서 회사의 재무구조 개선을 위해서 단기 실적에 몰입하게
되었다. 제품의 경쟁력인 품질 향상보다는 원가절감에 집중했고, 밀
어내기 식 영업을 시도했다. 맥주 시장의 승패는 판매망과 원가절감
이라는 진부한 고정관념에 사로잡혀 있었기 때문이다.

하이트맥주는 재무통들이 1999년부터 10년 넘게 CEO 자리를 이
어가면서 마케팅 비용 삭감, 제품 원가절감 등 소위 마른걸레까지 짜
내면서 이익을 내어 수치상 흑자를 통해 재무구조를 건전하게 개선했
지만 재무구조 개선과 브랜드 이미지 향상이란 두 마리 토끼를 잡기
에는 한계가 있어, 장기적으로는 회사의 지속적 매출을 보장하는 브
랜드 이미지 관리에는 역부족이었다. 회사의 핵심 브랜드인 하이트
가 성숙기에 접어든 만큼 새로운 옷으로 갈아입기 위한 투자가 절실
했지만 단기적 재무구조 개선이란 명제에 우선순위가 밀리면서 그저
그런 흔한 맥주로 전락했다.

흐르지 못하는 물은
썩기 마련이다

회사의 매출이 감소하고 시장 점유율이 떨어지고 주가가 하락하면서 재무구조에 빨간불이 들어오면, 조직에는 자리를 보전하기 위한 파벌이 형성된다. 특히 내부 권력자의 측근을 중심으로 자신의 안위를 걱정하는 사람들이 모여든다. 이때는 정규적이고 공개적인 정보의 흐름보다 비공개적인 정보가 더 큰 힘을 발휘하게 되고 제 살 깎아 먹기 식 험담이 판을 친다.

회사의 매출이 줄어들어 은행 여신에 문제가 생기면 재무팀에서는 영업팀을 압박하기 시작한다. 영업팀은 지점장에게 매출이 감소한 책임을 추궁하는 한편, 제품의 질에 문제가 있다며 생산 공장을 탓한다. 지점장들도 할 말이 있다. 본사의 마케팅 전략과 광고가 허술해서 판매가 부진하다며 마케팅팀의 능력을 운운한다.

이렇게 혼란스러운 상황에서 중심을 잡아줘야 할 기획조정실은 중장기적인 개선책을 내놓기보다 예산을 줄여 단기 수익을 맞추려 한다. 줄어든 예산에 맞춰 회사를 운영하려다 보니 제일 먼저 광고비와 마케팅비 등의 판촉비가 삭감된다. 영업사원들은 이런 본사의 정책에 반감을 갖고 저항한다. 여기서 끝이 아니다. 본사에서는 예산을 늘릴 수가 없으니 몸으로 때워서라도 매출 목표를 달성하라며 영업사원들을 다그친다.

고위급 임원회의는 점입가경이다. 회사의 미래를 걱정하는 마음에서 근본적인 대책을 논의하는 게 아니라 파벌을 형성해 자신들의 성과를 과대 포장하고 치적만 보고하면서 시간을 허비한다. 문제는 이런 파벌 싸움이 무성한 조직에서는 바른 소리를 하는 사람은 뜻하지 않게 파벌 조직의 싸움에 말려들어 희생양이 되기 쉽다.

하이트를 성장시키는 과정에서 있었던 일이다. 영남 지역 영업 수장으로 크라운 맥주의 시장 점유율을 50% 이상 지켜낸 오너의 생질이 전무에서 부사장으로 승진하며 본사 영업본부장으로 발령이 났다. 그는 주류업계에서 '깡패'라고 불릴 정도로 카리스마가 넘치고, 조직 장악력이 대단한 사람이었다. 그는 부사장으로 취임하자마자 직원들의 입장에 서서 오너에게 서슴치 않고 직언을 던져 오너 입장에서는 능력은 있지만 만만하지 않은 존재였다. IMF 경제위기가 터지면서 오너는 그를 영업부문 사장인 생질을 부회장으로 승진시켜 현업에서 손을 떼게 하는 대신 재무통 전무를 사장으로 전격 발탁했다.

순식간에 마케팅팀은 와해되고 말았다. 새로 취임한 사장은 모든 의사결정에 재무적 잣대에 우선순위를 두었다. 그에 따라 재무구조 개선에 포커스를 맞추어 사업을 판단하는 시스템이 도입되었다. 자연스레 회사의 브랜드 경쟁력은 떨어질 수밖에 없었다. 하지만 이에 대해 쓴소리를 할 사람이 본사에는 아무도 없었다. 모두들 회사의 눈치를 살피느라 여념이 없었다.

그렇게 하이트는 최소한의 여물만 먹으며 일만 하는 캐시카우

Cash-cow, 현재 수익 창출은 안정적이지만, 미래 발전 가능성은 높지 않다는 것을 의미 신

세로 전락했다.

이익을
재투자해야 하는 이유

기업이 생존하기 위한 기본 토양은 매출이다. 유형이든 무형이든 간에 재화를 생산하는 이유는 재화에 부가가치를 더해 이윤을 낳기 위해서다. 다시 말해 기업 활동의 목적은 생산과 관리가 아니라 판매를 통한 이윤 창출이다.

요즘같이 경쟁이 심화되고 기술이 평준화되면서 수요보다 공급이 과잉인 시대에는 누가 더 탁월한 판매 전략을 펼치는가에 따라 생사의 갈림길이 나누어진다.

1993년 5월 1일 하이트는 "지하 150m의 100% 암반 천연수 맥주"라는 매력적인 콘셉트로 시장에 선보였는데 초반부터 폭발적으로 인기몰이를 했다. 이례적인 현상이었다. 히트 상품의 촉을 느낀 조선맥주는 고삐를 늦추지 않았고 텔레비전·신문·라디오·잡지·옥내외·극장 등의 매체를 통한 ATL 광고를 연속으로 선보이며 소비자들과 소통했다. 조선맥주의 예측대로 하이트의 판매량은 수직상승했다.

1993년 첫해에만 ATL 광고 비용으로 200억 원 정도 집행했다. 당시 업계 최초로 조선·중앙·동아 등 일간지와 매경·한경 등 경제지, 그리고 기타 스포츠 신문에 전면 광고를 집행해 소비자의 주목율을 높였다.

이렇게 15년간 승승장구하던 하이트에 2008년부터 위기의 그림자가 엄습하더니 2012년에는 회사 전체의 시장 점유율이 44% 밑으로 추락하고 말았다. 영원히 1위 자리에 머물 것처럼 착각한 경영진이 회사가 순항할 때 재투자 대신 영업 이익 극대화에 전념하다가 회사의 뿌리마저 흔들리게 된 것이다. 이익이 나거나 현금 흐름에 여유가 생겼을 때 가장 필요한 것이 미래에 대한 재투자다. 회사의 재투자에는 다음 4가지 항목이 필수적이다.

첫째는 상품 가치를 향상시키기 위한 '개발 투자', 둘째는 브랜드 호감도 및 영업력을 높이기 위한 '마케팅 투자', 셋째는 팀 능력 향상을 위한 '교육 투자', 넷째는 생산성을 높이기 위한 '설비 투자'다.

하지만 조선맥주는 하이트 하나만 믿고 재투자에 인색했다. '지하 150m의 암반 천연수 맥주', '온도계 맥주', 그리고 '백두대간 맥주'의 뒤를 잇는 차별화된 스토리텔링을 몇 년 동안 개발하지 못한 것만 봐도 얼마나 안일하게 시장에 대처했는지 알 수 있다.

한편 성장성과 안정성, 신용도 등 기업의 능력치를 돈으로 평가하는 주가는 조선맥주가 얼마나 큰 위기에 놓였었는지 짐작케 한다.

1993년경 조선맥주의 주식은 주당 1만1,000원 정도였다. 당시 종합주가지수 KOSPI 는 500 내외였다. 이후 15년 만인 2007년에는 종합주가지수가 1,800선으로 3.6배 성장하는 사이 하이트맥주의 주가는 하이트의 성공과 더불어 15만 원으로 약 14배 성장했다. 코스피 성장 대비 주가가 약 5배 이상 오른 이유는 하이트맥주의 점유율이 같은 기간에 28%에서 59%까지 성장하면서 매출과 영업이익 등이 크게 증가하고 브랜드 가치 Brand value 가 살아 있었기 때문이라 할 수 있다. 그러나 하이트의 실적 부진이 주가에 반영되면서 주가가 반 토막 정도로 하락했다.

하이트 1세대 실적

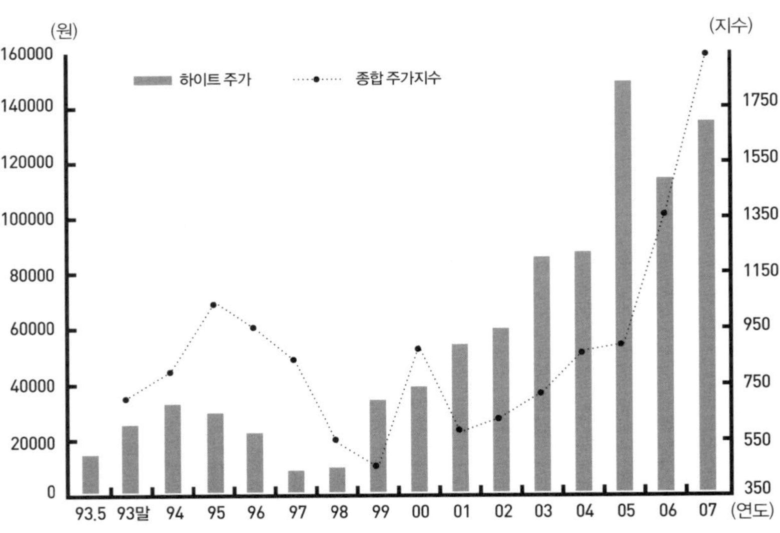

일등에는 신념이 있다

옆의 그래프는 하이트가 출시된 이후부터 2007년까지 하이트 1세대의 실적을 보여준다. 1993년부터 2007년까지 하이트 개발과 마케팅을 직접 주도한 필자와 팀원들이 하이트 1세대다. 참고로 1세대가 진로 인수 후 참이슬fresh 론칭에 참여하면서 바통을 이어받아 하이트맥주를 마케팅하게 된 새 구성원들을 하이트 2세대라 말한다.

미래를 보고
방향키를 틀어라

세상에는 끊임없이 변화를 추구하는 세력과 자신의 위치를 고수하려는 세력이 있다. 이들은 서로 경쟁하다가 결국은 힘이 센 쪽이 승자의 위치에 서게 된다.

바닷가에서 파도가 치는 것을 잘 관찰해보면, 방풍림과 모래밭이 있는 곳에서 치는 파도와 바위나 언덕에 바로 부딪치는 파도가 다르다. 언덕이나 바위에 부딪치는 파도는 밀려들어오는 다른 파도와 맞부딪쳐 더욱 큰 파도를 형성한다. 반면, 방풍림과 모래밭을 향한 파도는 방풍림과 모래밭이 파도의 힘을 줄여 밀려나가는 파도가 해안으로 밀려오는 파도와 부딪쳐도 그 에너지가 적어 풍랑이 약하다.

새로운 시장은 얼리어답터**Early adopter** 들이 주류를 이루는데, 이들은 신선한 낯선 것들을 추구하고 모험을 즐기며 새로운 패러다임을 형성하는 힘이 있다. 만일 이를 방치하면 기존의 시장까지 잠식해 판도를 바꾸는 쓰나미가 될 수도 있다.

따라서 기존 시장에서 앞서가는 리더 그룹에 속하는 기업은 끊임없이 신흥 시장이 부상하는 상황을 잘 관찰하고, 이에 맞는 적절한 대응 전략 또는 신상품을 출시해 얼리어답터를 견제해야 한다. 자기 마당에서 놀다가 성숙한 소비자로 변화될 때쯤 그들이 기존의 안정된 '우산 브랜드' 시장 속으로 들어오게 인도해야 한다.

일등 브랜드가 해야 하는 역할은 3가지다. 첫째, 새로운 시장 개척이다. 소비자들은 언제나 새롭고 참신하며 매력적인 제품을 원한다. 그런데 유통을 장악한 선두주자가 새로운 시장에 제대로 대응하지 못하면 후발주자나 제3의 회사가 소비자들의 욕구를 채울 수밖에 없다.

둘째로는 시장의 볼륨**Volume** 을 확대하는 것이다. 후발주자들은 선발주자를 따라 하기 급급하기 때문에 다른 것을 쳐다볼 여력이 없다. 따라서 시장의 볼륨이 확대되면 선발주자가 가장 큰 혜택을 본다. 요즘 시장은 시장 선도자**First Mover** 가 90%를 독식하고 후발주자들이 10%를 가지고 나누어 먹는다고 할 정도로 선발주자의 이점이 크므로 이 역할이 매우 중요하다.

   일등에는 신념이 있다

셋째, 가격 선도 역할이다. 후발주자나 제3의 회사가 시장에서 가격을 선도한다는 것은 낙타가 바늘구멍을 통과하는 것만큼이나 어렵다. 그러나 부상하는 시장이나 기존 시장에서 선발주자가 가격 선도 역할을 게을리하여 이를 후발주자나 제3의 회사에 미룬다면 미래에는 시장에서 새로운 영역을 구축하기가 어렵다. 소비자들의 눈에는 시장 리더로서 주도권을 상실한 것으로 비춰지기 때문에 기업의 브랜드 이미지가 추락하고 만다.

이렇듯 새로운 시장 관리는 기업에게 미래의 생명과도 같다.

또한 "권리 위에서 잠자는 자는 보호할 가치가 없다"라는 말이 있다. 법이란 약자를 보호하는 역할이 중요한데 선도자가 자기의 권리와 의무를 다하지 않고 방치한다면 보호할 가치가 없다는 것이다.

칼날을 오래 사용하지 않으면 녹이 스는 것이나 권리를 사용하지 않아 보호받지 못하는 것이나 당연히 해야 할 일을 하지 않아 생기는 현상은 같다.

'TPO Time, Place, Occasion'에 맞춰라

신상품을 출시하는 시기도 상품의 특성에 따라 차이가 있다. 맥주는 주로 대학생들이 입학하는 3월부터 5월 사이에 출시한다. 성년이 되어 처음 술을 대하는 그들의 입맛에 길들여져야 그들 세대가 성장하면서 평생 고객이 된다.

아울러 2~3개월간 시장에 침투하여 성수기인 6~9월에 시장에 안착해야 신제품이 성공할 수 있다. 소주는 도수가 높기 때문에 10월부터 이듬해 3월까지는 수요가 많다. 따라서 소주 신제품은 9월이나 10월경에 출시해 2~3개월 내 시장 테스트를 거쳐 12~1월경에 시장에 자리 잡아야 성장 여부가 결정된다. 이렇듯 제품의 특성을 잘 이해하고 출시 시기를 선택하는 것이 실패 위험을 줄일 수 있는 노하우다.

참고로 하이트는 1993년 5월 1일에, 참이슬fresh는 2006년 8월 26일에 출시해 순조롭게 시장에 진입했다. 그리고 일명 대박상품으로 신화를 창조했다.

하이트나 참이슬fresh를 출시할 때에는 1차로 수도권에 집중하여 침투해 성공한 후 2차로 지역지방을 공략하였다.

하이트를 출시하면서 사계절별로 이벤트를 진행하며 타깃에 맞게 소비자들과 소통했다. 봄에는 하이트 배 전국 여성 에어로빅 대회를 열어 직장 여성과 주부들을, 여름에는 하이트 해변 가요제**이승철 콘서트**를 개최해 젊은 남녀 피서객들을, 가을에는 하이트 배 여자 프로골프대회**KLPGA**를 개최해 30~40대 직장인과 골프 동호인들을, 겨울에는 하이트 대학생 스키캠프를 열어 활동적인 남녀 대학생과 스키 동호인들을 위한 이벤트를 제공하고 그들의 관심을 끌어모았다. 이로써 브랜드의 위상을 높이고 브랜드 호감도와 가치를 상승시켰다.

PART 4

磨 : 갈 마

조직 운영은 정성스럽게

① 　우리 주변에 재능 있는 사람은 많다. 외국에서 받은 학위, 풍부한 지식과 경험, 탁월한 커뮤니케이션 능력 등으로 현재 성공을 거두고 있는 사람도 많다. 이를 바탕으로 멋진 비즈니스를 하고 있는 사람도 많다.

　이런 재능은 칼이나 마찬가지다. 칼이란 베어야 할 때 벨 수 있어야 한다. 아무 데서나 마구 휘두르면 정말 위험하다. 칼은 평소에는 칼집에 들어가 있다. 좋은 칼집이 있을 때 그 칼은 장기적인 쓰임을 보장받을 수 있다.

　우리의 칼 상태는 어떤지, 칼집은 제대로 되어 있는지, 생각해보기 바란다.

chapter 10

성취의 신념

2~3년차 핵심인재가
회사를 떠나는 이유

초잠식지 **稍蠶食之**. 옛사람들은 누에가 뽕잎을 조금씩 먹어 들어가는 것을 보면서 어느 누구도 알아채지 못하고 조금씩 쇠퇴해 결국 멸망에 이르는 나라의 모습을 떠올렸다. 누에는 조금씩 뽕잎을 먹는 것 같아도 결국 그 잎을 깡그리 먹어치운다. 대수롭지 않아 보이는 현상이 거대한 조직을 무너뜨리는 것에 대한 비유로는 으뜸이다.

나라나 민족 혹은 시장의 쇠퇴를 설명하는 데 쓰이는 이 말은 한때 조선맥주에 딱 들어맞는 말이었다. 1992년, 본격적으로 OB맥주와 경쟁할 무렵 조선맥주의 시장 점유율은 28%까지 곤두박질쳤고 부채

비율은 700% 넘게 급상승했다. 회사의 매출이 최악으로 치닫자, 자금 사정이 악화되어 소유권이 다른 회사로 넘어간다는 루머까지 나돌았다.

'쓰나미가 오기 전에 동물들이 먼저 도망간다.' 조선맥주에도 이런 일이 벌어졌다. 핵심 인재들이 회사의 위기를 재빨리 눈치채고 하나둘 보험사, 증권사, 광고회사 등으로 이직하기 시작했다. 먼저 회사를 옮긴 동료들은 조선맥주가 곧 망할 것 같으니 퇴직금이라도 제대로 받으려면 빨리 다른 곳을 알아보는 게 좋지 않겠냐며 충고하기도 했다. 급기야 몇몇 유능한 기술직원들이 식품회사나 새로운 경쟁사인 카스 맥주**1999년 OB맥주에 인수**로 옮겨가면서 일대 혼란이 벌어졌다. 당최 일을 믿고 맡길 사람이 없었다.

특히 미래 가치가 높은 2~3년차 직원들이 너 나 할 것 없이 조직에서 이탈하는 모습을 보는 건 정말 힘들었다. "기업은 인재를 뽑아 2년 교육시켜 20년 써먹는다"라는 말이 있다. 즉, 입사 2~3년 차가 되면 조직 문화에 익숙해지고 업무에도 어느 정도 탄력이 붙어 성과를 내기 시작한다. 더불어 의욕과 열정이 넘쳐 일을 많이 할 때다. 그런데 일에 전념해야 할 2~3년 차 직원들이 회사를 떠나고 있으니 더는 뒷짐 지고 지켜볼 수만은 없었다.

입사할 때부터 유심히 지켜봐왔던 3년 차 직원이 사표를 들고 왔다. 조심스럽게 그의 사직 이유를 물었다.

“어렵게 들어온 회사를 왜 그만두려고 해? 그동안 쏟은 땀이 아깝지 않아?”

“입사할 때만 해도 꿈이 있었지만 비전이 사라지면서 의욕도 사라졌습니다.”

눈시울이 붉어지는 그 친구의 모습을 보면서 마음이 아팠다.

직원들이 이직을 결정하는 이유는 크게 두 가지다. 첫째는 급여와 보상, 근무 환경과 같은 불만 요인이다. 둘째는 성장 기회, 인정과 격려, 기업 문화와 같은 동기 요인이 충족되지 않기 때문이다. 여기서 중요한 것은 불만 요인이 해결된다고 해서 동기가 유발되지는 않는다는 점이다. 물론 핵심 인재를 보유하는 데 돈은 반드시 필요하다. 하지만 인재가 능력을 최대치로 발휘하게 하려면 성장 기회나 인정과 격려 등 진정한 동기 요인이 충족돼야 한다. 바꿔 말해 직원들이 언제든 성과를 인정받고 발전 가능성이 높다고 여기는 직장이라면 유능한 직원이 빠져 나갈까 봐 전전긍긍할 필요가 없다.

무뎌진 조직의 특징 중 하나는 직원의 ‘의욕’을 어떻게 관리할지에 대해 고민하지 않는다는 것이다. 당시 조선맥주의 경영진은 단기성 이익에 집중할 뿐 중장기적으로 중요한 인재관리에는 한없이 소홀했다. 미래에 대한 비전을 보여주며 직원에게 동기를 심어주는 것을 등한시한 결과, 유능한 인재들이 하나둘씩 조직을 빠져나가고 별 능력 없는 직원들만 풀죽은 모습으로 회사에 출근 도장을 찍는 광경이 벌어졌다.

혹시 당신이 몸담고 있는 회사는 어떤가?

조직에 활력을 주려면
메기를 풀어라

기업에서 조직원들에게 과하게 심한 스트레스를 주면 초반에는 효율이 오를지 몰라도 곧 과로로 지쳐 역효과를 불러온다. 반면에 스트레스를 전혀 주지 않으면 동기 부여가 잘되지 않아 생산성이 저하된다.

최근 들어 갈등Conflict의 순기능을 활용해 생산성을 높이는 기업들이 많아지고 있다. 극복할 수 있을 정도의 스트레스나 갈등 구조를 만들어 조직원들을 자극하면 스스로 동기를 부여해 이를 해결하려는 과정에서 효율이 극대화된다는 것이다.

경험적으로 보면, 기업에서 매년 목표를 세워 영업 지점에 하달할 때 시대적 경제 성장률과 상품 브랜드의 성장성 등을 감안해 그 조직이 감당할 수 있는 정도, 즉 ±5% 달성 목표를 제시하면 조직원들은 이 목표를 기필코 100% 달성하려고 노력한다. 한편 이러한 긴장이 장기화되면 조직의 피로감으로 쌓여 효율이 감소한다. 그러므로 당근과 채찍을 적절히 사용해 조직의 피로감을 해소하면서 수위 조절을 하는 것이 중요하다.

현대그룹 창업자인 고 정주영 회장의 경영철학 중에 '메기론'이라는 것이 있다. 청년 시절에 그는 집을 나와 돈벌이를 찾아다니다가 미꾸라지를 길러 팔면 돈이 될 것 같아 개울가에 있는 논을 빌려 물을 대고 미꾸라지 양식을 했다. 그런데 예상과 달리 미꾸라지들은 먹이를 줘도 잘 자라지 않았다. 그러던 어느 날 홍수 때문에 논으로 물이 넘쳐 들어와 미꾸라지의 반이 떠내려 가버리고 말았다. 청년 정주영은 한참 실의에 젖어 있다가 남은 미꾸라지라도 건지기 위해 힘들게 논둑과 제방을 정리했다.

시일이 얼마나 지났을까. 미꾸라지들은 이전보다 훨씬 크게 자라 있었다. 힘도 세지고 반지르르 윤기도 흘렀다. 그 이유가 뭘까 곰곰이 생각하며 양식장을 들여다보니 홍수로 개울에서 떠내려 온 메기 한 마리가 양식장 안에 있는 게 아닌가. 미꾸라지들은 천적 메기에게 잡아먹히지 않으려고 도망 다니다 보니 저절로 운동이 됐고, 힘든 만큼 먹이를 많이 먹어 잘 자라게 된 것이다. 홍수로 미꾸라지의 반을 잃었지만, 남은 미꾸라지들의 상품성이 좋아져서 고 정주영 회장은 돈을 더 많이 벌었다고 한다.

그는 이때의 경험을 바탕으로 기업에도 적당한 천적이 있어야 튼튼하고 건실하게 성장할 수 있다는 '메기론' 철학을 갖게 되었다. 조직원이 자발적으로 변화를 모색해 기업의 혁신과 성장을 도모할 수 있다면 가장 이상적이다. 하지만 그들이 무뎌진 칼이 되어 누군가 칼날을 갈아주기만을 기다린다면, 그때는 각자 극복 가능한 정도의 압박을 가해 잠재력을 일깨우고 조직과 개인의 발전에 이바지할 수 있도록 이끌어야 한다.

자존심을 건드려
잠재력을 끌어내라

2006년 6월 1일부로 나는 하이트맥주에 사직서를 내고 진로 마케팅 책임자로 발령받았다. 본격적으로 진로 업무를 파악해보니 총체적인 난국이었다. 참眞이슬露의 점유율이 사정없이 하락하고 있었고, 그해 상반기 6개월 만에 연간 예산의 80%가 이미 집행된 상태였다. 게다가 남아 있는 자금마저도 이미 계약된 고정 광고비로 지출될 예정이라는 보고를 받았다.

더 큰 문제는 전장에서 열심히 싸워야 하는 마케팅팀 직원들의 사기가 바닥을 헤매고 있었다. 당시 사무실 직원들은 286 또는 386 컴퓨터를 사용하고 있었고 모든 문서를 아래한글로 작성하고 있었다. 파워포인트로 문서를 작성할 줄 아는 사람은 한 명도 없었다. 나중에 알고 보니 마케팅 경력자나 실력이 뛰어난 직원들은 하이트맥주와 진로가 합병되는 과정에서 두산주류BG나 다른 식품업체로 이직하고 남아 있는 직원들은 마케팅팀을 거쳐 잠시 다른 부서에서 근무하다가 최근에 복귀한 상태였다. 그러니 효과적이고 체계적인 마케팅 활동이 될 리가 없었다.

분위기 쇄신을 위해 소주 파티를 열어 직원들과 툭 터놓고 이야기할 수 있는 자리를 마련했다. 나는 소주에 약한 편이지만 정신력으로 버티며 술잔을 기울이는 내내 직원들의 애로사항을 경청했다. 술자리가 끝날 즈음 나는 직원들에게 그들이 건의한 최신형 컴퓨터 교체, 마케팅 전용 PT룸 조성, 하반기 예산 확보, 신속한 의사결정 등을 단기간에 해결해보겠노라 약속했다. 관련부서에 독촉해 다음 날부터 직원들의 건의사항을 빠르게 해결했다. 단, 예산 문제는 추가 금액을 파악할 시간이 필요하니 조금만 기다려달라고 양해를 구했다.

그런데 이게 웬 날벼락인가. 난데없는 대자보가 나붙고 전 직원을 대상으로 단체 이메일이 도착했다. "김정수**필자**는 낙하산 인사이며 마케팅 한답시고 진로에 어울리지도 않는 일을 벌이려고 한다." 하이트맥주 출신인 내가 진로에서 마케팅을 한다는 게 탐탁치 않았던 진로 노동조합의 소행이었다. 그들은 나에게 당장 하이트맥주로 돌아가라며 험악한 분위기를 조성했다.

"호랑이를 잡으려면 호랑이 굴로 들어가라." 이 말대로 나는 곧 장 진로 노조위원장을 만나 소주를 마시며 담판을 지었다. 전통적으로 주류 시장의 리더였던 진로 입장에서 보면 하이트맥주는 피라미 같은 존재였다. 그런 하이트맥주의 관리를 받는다는 점에서 자존심이 많이 상해 있었다.

"경쟁사인 두산주류BG의 사장, 마케팅 및 수도권 핵심 임원, 간부 여러 명이 진로 출신입니다. 전직 진로와 현직 진로와의 한판 승부에서 안타깝게도 현직 진로가 처절하게 패했습니다. 진로는 그 어느 때보다 위기입니다. 지금이 중요합니다. 그래서 본사에서 하이트맥주 신화를 쓴 나를 구원투수로 투입한 것입니다. 전직 진로의 코를 납작하게 할 기회를 주십시오.

이유야 어찌 됐든 진로의 옛 명성을 되찾아야 나도 살고 진로도 살지 않겠습니까. 이미 상반기에 마케팅 예산이 거덜 난 상황입니다. 어떻게 해서든 '처음처럼'**두산주류BG에서 만들어 성공한 후 2010년경 롯데 칠성에 5,000억 원에 매각됐다** 에 대응할 방도를 마련하겠습니다. 힘을 실어주십시오."

노조위원장은 내 열정을 믿고 당분간 지켜보겠다고 했다. 또 직원들이 최대한 협조하도록 설득해보겠다며 나에게 힘을 실어주었다.

"지렁이도 밟으면 꿈틀댄다." 소주 시장 넘버원이라는 자부심으로 가득한 노조원들의 자존심을 건드리자 바로 반응이 왔다. 제대로 동기 부여가 된 것이다. 직원들은 옛 명성을 찾는 그날을 위해 의지를 불태웠다.

참이슬fresh 론칭 교육을 할 때의 일이다.

"진로의 유능한 마케터들이 경쟁사인 두산주류BG로 대거 이직 했습니다. 두산주류BG 처음처럼과의 전쟁에서 참眞이슬露에 이어 이제 새로운 각오를 가지고 혁신적으로 출시한 참이슬fresh마저도 밀리면 지금 진로에 남아 있는 사람들이 실력이 없어 이직을 못한 거라고 인정하는 꼴이 됩니다. 그렇게 되어도 좋겠습니까?"

주변이 술렁거렸다.

"지금 두산주류BG의 사장이 OB맥주 부사장으로 일한 적이 있습니다. 그런데 2년을 못 넘기고 하이트에 백기 들고 나갔습니다. 이제 소주 시장에서 다시 만났습니다. 다행히도 하이트맥주는 1993년 이후 두산과의 전쟁에서 백전백승한 전력이 있습니다. 진로 직원 여러분이 참이슬fresh 론칭의 전략을 믿고 따라와 준다면 반드시 자존심을 회복시켜 드리겠습니다."

참고로 참이슬fresh 론칭 전략 중 중요한 브랜드 전략은 참이슬 fresh의 판매량이 전체**참眞이슬露 포함** 판매량의 70%가 넘으면 'fresh'라는 단어를 삭제하고 온전한 '참이슬' 브랜드로 차별화할 계획이었다. 애초에 참眞이슬露 브랜드의 진부한 이미지에서 탈피하고자 했던 것이다.

교육이 끝나자 상당수의 직원들이 동조했다. 여전히 반발하는 몇몇 직원은 동조하는 간부와 합세해서 설득해나갔다. 진심은 통하게 마련이다. 직원들은 진로 직원도 한 가족이라는 하이트맥주의 마음에 화답했다. 드디어 서민의 기쁨과 설움까지 끌어안은 80년 진로의 자존심은 다시금 마른 장작에 불을 지피듯 활활 타올랐다.

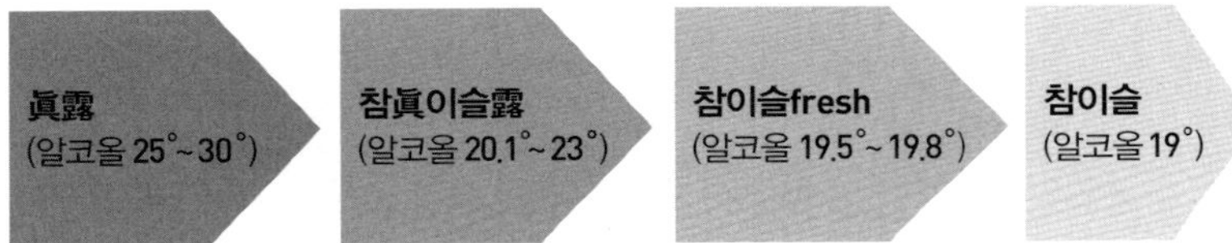

편한 회사가 아니라
기회가 있는 회사가 성장한다

가장 흔한 직장인의 꿈은 승진이다. 승진이란 자신의 능력을 인정받고 있음을 대내외적으로 밝히는 표상으로, 단순히 직위와 급여가 오른다는 의미 이상의 가치가 있다. 포상 또한 마찬가지다.

나는 원주 지점장으로 보임되어 3년간 근무를 할 때 승진과 포상

제도를 적극적으로 활용했다. 당시 원주 지점 직원들에게는 트라우마가 있었다. 자신들이 열심히 일해서 성과를 내면 외지에서 온 지점장들만 승진해서 요직으로 옮겨간다며 불만을 토로했다. 그들 눈에는 필자 또한 이곳에서 성과를 낸 후 승진해서 떠날 사람이었다.

"우리 지점이 큰 성과를 내서 본사에서 나를 승진시켜주겠다고 하면 거절하겠습니다. 우리 지점 전 직원이 승진한 후 맨 마지막에 승진시켜달라고 하겠습니다."

여태까지 어떤 지점장에게서도 들어보지 못한 말에 직원들은 놀란 듯했다.

"지점장님, 그 약속 꼭 지켜주십시오."

결과부터 말하자면, 내가 부임한 후 매출 상승률은 전국 지점 3위 안에 랭크되었고, 원주 시장 점유율은 3년 만에 70%로 상승했다. 매년 5명씩, 3년 동안 직원 15명이 전부 승진했다. 약속대로 나는 맨 마지막으로 승진해, 진로 마케팅 책임자로 발령을 받아 원주 지점을 떠났다. 이때의 경험은 내가 진로 마케팅 책임자로 일하는 데 큰 도움이 되었다. 그리고 나중에 들은 말이지만 직원들은 사소한 것까지 세심하게 배려하는 내 모습에 감동을 받았다고 한다.

오너의 잘못된 경영으로 회사가 어려워졌고 이로써 인수합병이 추진된 탓에 진로 직원 입장에서 '동기'가 싹틀 리가 없었다. 회사 차원에서 특단의 조치가 필요했다. 회사는 수도권 소주 최초로 20도의 벽을 허문 참이슬fresh의 출시와 관련해 실속 있고 실용적이며 실행 가능한 아이디어를 제시하는 직원에게는 포상을 하겠다고 선언했다. 정리해고 같은 부정적인 피드백이 아닌 긍정적인 피드백을 회사에서 제시하자 진로 직원들의 눈빛이 달라졌다.

실제로 참이슬fresh의 판매 신장률에 따라 사내 콘테스트를 실시해 괄목할 만한 성과를 낸 조직**팀 또는 지점**에는 확실한 포상과 승진 혜택이 주어졌다. 회사가 성과에 대해 빠르게 인정하는 기업문화를 만들자 직원들의 사기가 높아졌다. 진로 직원들은 초창기에 가진 반감을 씻어내고 과거 주류 시장의 일등다운 저력을 보여주었다. 또 참이슬fresh는 한국마케팅학회에서 수여하는 '마케팅프런티어상'을 수상하면서 학계에서 새로운 시장을 개척한 제품으로 인정받았다.

멘토가 있는 조직은
배신자가 없다

개천에서 용이 나기도 한다지만 그 사람을 인터뷰해보면 그의 삶에 지대한 영감을 주고 영향력을 끼친 사람이 한두 명은 있다.

내 경험으로 볼 때 조직에서 잘되는 사람은 업무 능력이 뛰어난 것은 기본이고 상사를 잔소리꾼이나 눈엣가시로 인식하는 것이 아니라 자신의 부족한 부분을 채워줄 멘토Mentor로 받아들이는 능동적인 자세를 겸비하고 있다.

물론 우리 조직문화의 현실상 많은 사람들이 학연·지연·혈연 등을 내세워 비공식 조직을 만들거나 정보를 공유하며 서로 밀고 끌어주고 있다. 이는 전통적인 '끼리끼리 관계문화'에서 비롯된 필요악임에도 불구하고 그 뿌리가 깊기 때문에 완전히 없앨 수도 없고, 합법화할 수도 없는 아이러니한 상황이다.

최근 들어서는 이런 끼리끼리 멘토링 관계에도 긍정적인 변화가 생기고 있다. 취미가 같은 사람끼리 동호회를 만들어 수평적인 관계로 주기적으로 소통하는데 회사가 이들에게 활동보조비를 일부 지원하며 조직의 윤활유 역할을 하도록 권장하고 있다. 이들은 단합과 의리를 중시하기 때문에 조직에서 희생과 리스크를 감수해야 하는 중요한 프로젝트에 투입되면 난관을 뚫고 예상되는 목표를 기꺼이 해내는 긍정적인 효과를 얻기도 한다.

필자는 실적이 좋지 않고 문제가 많은 조직을 맡을 때마다 직원들에게 멘토를 찾으라고 주문한다. 멘토링 제도는 내가 모르던 지식만 얻는 게 아니다. 경험이 많은 선배들의 생생한 증언을 들음으로써 현장에서 적용 가능한 영감을 얻는 것이 핵심이다.

멘토는 멘티가 성공하는 데 필요한 지식과 기술과 전략을 가르

치고, 그들의 발전을 가로막는 장애물을 없애줘야 한다. 이것이 길 닦기다. 이를 위해서 나는 독서, 강의 및 토론, 실습 과정을 포함한 교육 프로그램을 만들었다. 그리고 지점장이나 조직 내 상사 또는 특정 분야에서 타의 본보기가 되는 일인자를 멘토로 삼도록 했다. 놀랍게도 다른 조직보다 조직에 대한 충성도와 일에 대한 열정이 객관적 평가에서 월등했다.

일반적으로 대다수의 조직은 문제를 해결할 때 시장조사를 통해 문제를 진단하고, 일을 체계적으로 분석하여 주눅 들 정도로 엄청난 양의 문서를 만든다. 그리고 이를 CEO에게 보고하는 것으로 마무리한다. 좋은 해결책이 나올 리가 없다. 대신 구성원들끼리 사고방식, 일하는 방법, 자세와 태도 등을 일일이 멘토링하면서 문제를 해결하다 보면 자연스럽게 멘토와 멘티 관계가 형성된다. 구성원 각자는 엄청난 열정과 자긍심을 갖고 일할 수 있게 된다.

시대의 영웅 이순신 장군에게도 유성룡이라는 멘토가 있었다. 이순신 장군이 누명을 쓰고 옥살이를 하고도 삼도수군통제사로 복직해 명량대첩과 노량해전에서 일본 수군을 대파한 것은 모두 유성룡의 지속적인 멘토링 덕분이라고 사람들은 말한다.

조직에서뿐만 아니라 인생에서도 좋은 멘토와 멘티를 갖는 것은 우리가 살아가는 데 큰 힘이 된다. 나태해지거나 방향을 잡지 못하고 방황할 때는 멘토를 찾아가 조언을 부탁해라.

 일등에는 신념이 있다

chapter 11

진정성의 신념

반드시 누군가는
책임을 져야 한다

2000년대 초 다운사이징 **Downsizing, 기업의 업무나 조직의 규모 등을 축소하는 일**
과 스피드 경영이 경영 화두로 떠올랐다. 이 두 가지 경영 기법의 공
통점은 의사결정에 소요되는 시간을 단축해 효율성을 높이는 데 있
다. 다운사이징은 구조조정을 통해 직원을 정리하기 위한 수단으로
알려져 있으나 실제로는 조직을 슬림화해 결재 과정을 단축시켜 속도
를 높이는 데 목적이 있다. 즉, 빠른 시일 내에 성과를 달성해 인적 ·
시간적으로 효율성을 높일 수 있는 경영기법이다. 스피드 경영은 시
간의 중요성을 강조하는 경영기법이다. 이를테면 지점에서 보고한

내용을 본사의 CEO가 결재하는 데 A회사는 5일 걸리고 B회사는 10일 걸린다고 가정할 때, A회사의 경쟁력이 B회사보다 2배 높을 뿐 아니라 두 회사의 매출액과 이익률을 따져보면 2배 이상의 차이가 난다.

당시 하이트맥주의 의사결정 방식은 경영의 흐름을 거스르고 있었다. 생맥주집에 마케팅 비용을 지원하려면 26번이나 결재를 받아야 했고 최종결재까지 보름이나 소요됐다. 그사이 빠릿빠릿하게 일을 처리한 경쟁사는 일주일 만에 모든 상황을 끝맺었다.

단순하게 계산해보자. 영업사원이 100명인 회사에 일주일에 한 건씩 이런 상황이 벌어진다면, 연간 5,200개의 거래선**생맥주집**을 경쟁사에 빼앗기고 만다. 우리나라에 5~6만 개의 생맥주집이 영업 중인데, 이중에 10%만 뺏겨도 그 차이는 20% 정도로 벌어지는 셈이다**자회사−10%, 경쟁사+10% = 총 20%**.

조직에는 전결 규정이라는 것이 있다. 전결은 결정권자가 과업을 최종적으로 결정하고 사후에 그 결과에 대해 책임진다는 전제가 깔려 있다. 이 책임에는 최악의 경우 조직을 떠나는 것도 포함된다. 그러니 구성원들은 지시받은 것 이외는 아무것도 하지 않으려고 한다. 문제는 '내가 괜한 일을 벌여 일자리를 잃으면 어떻게 하지?'라는 걱정들로 가득 찬 조직은 희망이 없다. 겉으로는 통제가 잘되는 것처럼 보여도 수면 아래에 쌓인 문제점들은 어느 순간 폭발하게 된다.

하이트맥주도 마찬가지였다. 혹여 '실패라도 하면 좋지 않은 평

                                               일등에는 신념이 있다

가를 받을 것이다'라는 인식은 직원들의 새로운 시도를 봉쇄했고, 조직 전체가 사소한 결정을 할 때조차 상사나 타 부서의 눈치를 보았다. 당장의 책임을 회피하기 위해 차상급자까지 결재를 받느라 의사결정이 늦어지는 경우가 비일비재했다. 또 책임을 분산하기 위해 '전 부서 합의'라는 형식을 취하다 보니 의사결정은 지체되기 일쑤였다. 혼란 속에서 책임을 떠맡지 않기 위한 이기주의가 만연했다.

이런 일이 반복되면서 하이트맥주의 경쟁력은 바닥으로 떨어졌고, 거래처의 불신은 날이 갈수록 커져만 갔다.

변화를 거부하는
5% 훼방꾼들

일본의 곤충학자는 개미를 연구하면서 재미있는 현상을 발견했다. 개미 무리 중 5%는 놀면서 나머지 95% 개미가 일하는 것을 계속해서 훼방놓았다. 그는 이 5%의 훼방꾼 개미를 제거하면 나머지 일개미들이 일에 몰두하고 집단지성**集團知性, Collective Intelligence**을 발휘해 더 큰 성과를 얻을 거라는 가정을 세운 후 실험을 했다. 결과는 놀라웠다. 훼방꾼 개미를 제거하자 남은 95% 중에서 또다시 5%의 노는 개미가 발견됐다. 그는 인간의 조직에서도 개미 왕국과 비슷한 현상이 나타난다고 했다. 실제로 기업이나 회사가 어느 정도 규모를 갖추면 개미 왕국처럼 5% 훼방꾼들의 존재가 두드러진다.

나 또한 5% 훼방꾼들로 인해 좌절을 경험했다. 하이트가 지금처럼 갈색 병으로 패킹Packing된 데는 비하인드 스토리가 있다. 그 사건만 아니었다면 지금쯤 하이트는 에메랄드빛 초록 병으로 출시되어 프리미엄 맥주의 넘버원No.1 브랜드인 하이네켄Heineken과 어깨를 겨루고 있을지도 모른다.

'맥주' 하면 갈색 병이 먼저 떠오른다. 그 이유는 간단하다. 맥주 회사가 갈색 병을 선호하기 때문이다. 맥주는 자외선에 약해 햇볕을 오래 쬐면 일광취라는 역겨운 냄새가 난다. 그래서 부득이하게 자외선 차단 효과가 있는 갈색 병을 사용한다. 그러나 초록 병 '하이네켄'이 등장하면서 맥주 패키지에 일대 돌풍이 분다. 하이네켄의 트레이드 마크인 초록 병과 빨간 별 로고는 하이네켄 창업자의 손자인 알프레드 하이네켄Alfred H. Heineken에 의해 탄생했다. 그는 맥주는 어두운 갈색 병에 담아야 한다는 고정관념을 무너뜨리고 갈색 일색의 맥주 패키지에 참신함을 불어넣는 것을 뛰어넘어 브랜드의 정체성까지 확립했다.

1992년 신제품 개발 프로젝트의 일환으로 다각적인 전략을 검토했다. 첫 번째 방안으로 패키지 혁신 프로젝트를 결정했다. 곧바로 전

　　　　　　　　　　　　　　　　　일등에는 신념이 있다

하이네켄 패키지에 일대 변화를 가져온 알프레드 하이네켄의 생전 모습

문가들을 수소문했다. 그들에게서 예전에는 불가능했지만 기술이 발달함에 따라 에메랄드그린 병에 신기술을 적용하면 갈색 병 이상의 자외선 차단 효과를 볼 수 있다는 희망적인 사실을 알게 됐다.

그날 이후 나와 연구팀은 몇 개월 동안 밤을 새우며 고생한 끝에 패키지 개발에 성공했다. 새로운 패키지를 들고 거리로 나갔다. 우리는 테스트 마케팅**Test Marketing**을 통해 소비자들로부터 새로운 패키지에 대한 좋은 반응을 얻어 기대감에 부풀었다. 드디어 패키지 리뉴얼 프로젝트에 대한 CEO의 승인이 떨어졌고 즉시 구매팀에 패키지 생산 발주를 의뢰했다. 그런데 1992년말 구매팀 임원의 한마디에 일 년 넘게 준비한 프로젝트가 다시 원점으로 돌아갔다.

"신제품을 출시했다가 실패하면 갈색 병은 재활용할 수 있지만 초록 병은 재활용할 수가 없습니다. 이 어려운 시기에 막대한 손실을 입으면 누가 책임질 겁니까?"

결국 CEO는 리스크를 감안하여 프로젝트를 다시 검토하라고 번복했다. 이 프로젝트는 무한 연기됐다. 그때의 참담함은 뭐라 표현할 수가 없다.

여기서 끝이 아니다. 대기업 비서실 출신으로 조선맥주에 스카우트된 기획실 상무는 조직 내에서 일어나는 새로운 변화나 시도에 사사건건 시비를 걸었다. 일례로 사장의 특명으로 진행된 하이트 개발·론칭 프로젝트에 필요한 예산편성을 요청하자, 맥주 콘셉트로 지하수를 사용한 사례가 없어 성공확률이 낮다며 요청을 거절했다. 심지어 필자에게 신임사장의 힘만 믿고 너무 크게 일을 벌이는 것 아니냐는 얼토당토않은 말을 하며 계속 훼방을 놓았다.

회사의 운명이 바람 앞의 등불 같은 처지에 놓였음에도 5%의 훼방꾼들이 회사의 변화에 거세게 저항하며 횡포를 부리고 있었다.

당신의 회사에는 5%의 훼방꾼들이 없는가?

조직원의 운명이
곧 회사의 운명이다

변화에서 가장 강력한 저항군은 새로운 전략으로 손해를 보는 사람들이다. 일반적으로 조직의 상층부인 원로 그룹이 여기에 속한다. 변화의 필요성이나 전략의 타당성으로 이들을 설득하려고 해도 소용없다. 이들은 변화와 혁신의 과정에서 크고 작은 문제들이 발생하면 그것을 빌미 삼아 안티 세력으로 나선다. 적극적으로 반대 의사를 표명하거나 실행 과정에서 은밀하고 치명적인 상처를 입힌다.

필자는 1991년 조선맥주 내부에서 신임 사장의 지시에 따라 중간관리자들을 주축으로 혁신을 주도한 적이 있었다. '새 술은 새 부대에 담는다'라는 슬로건을 내걸고 고객 만족 수준을 파악하기로 했다. 우선 크라운 맥주 맛에 대해 소비자 600명을 대상으로 일대일로 면접 조사를 실시했다. 그 후 나이별, 성별, 직업별 등으로 소비자군을 세분화해 7명씩 10개 집단을 대상으로 FGI**Focus Group Interview**를 실시해 크라운 맥주와 OB맥주의 맛을 비교 테스트했다. 1차로 블라인드 테스트**Blind Test, 상표 없이 시음하는 맛 테스트**를 한 결과, 소비자들은 7 대 3으로 크라운 맥주의 손을 들어주었다. 그런데 2차로 어태취 테스트**Attach Test, 상표 부착 후 맛 테스트**를 해보았더니 결과가 역전됐다. 상표를 본 소비자들은 처음 느낀 맛과 상관없이 1 대 9로 OB맥주를 더 선호했다. 맥주의 맛보다 브랜드 이미지에 의존해 맥주를 선택한 것이다.

조선맥주 직원들은 크라운 맥주의 맛이 OB맥주를 능가한다고 해도 'OB맥주가 맛있다'는 소비자들의 고착된 브랜드 이미지를 바꾸기에는 역부족인 현실에 맥이 풀렸다. 하지만 그대로 포기할 수 없었다. 필자를 중심으로 혁신을 이끌던 직원들은 새로운 모멘텀**Momen-tum**으로 획기적인 신제품을 개발해 히트 상품을 만들어보겠다며 의지를 불태웠다.

이를 계기로 NPD 프로젝트**New Product Development, Hite 개발 비밀 프로젝트의 명칭**가 탄생했다. 이 프로젝트는 비밀리에 부쳐졌다. 경쟁사에 노출될까 우려해서가 아니라 내부 상층의 반발을 예상했기 때문이다.

아니나 다를까. 오너와 NPD 프로젝트의 책임자인 신임 사장을

　　　　　　　　　　　　　　　　　　　일등에는 신념이 있다

제외하고 본사에서 공식회의가 열렸다. 신제품 개발에 대한 논의가 시작되자 본사 경영진과 원로들은 비용이 많이 드는 반면 성공 확률이 낮은 신제품 프로젝트 대신 크라운 맥주의 품질 관리에 만전을 기하자며 근본적인 브랜드 혁신에 반대표를 던졌다.

회의 결과와 상관없이 우리는 철통 같은 보안 속에 신제품 개발에 몰두했다. 중간에 비밀 프로젝트에 대한 정보가 새어나가 조직 일부가 와해되며 위기에 봉착한 적도 있다. 하지만 목표에 대한 공감대가 형성된 우리는 핵심 인력을 재정비한 후 전력을 가다듬었다. 이후 비밀숙소를 마련해 합숙을 하면서 NPD 프로젝트에 박차를 가했다. 오너의 반대에도 불구하고 당시 비밀 프로젝트에 대한 신임 사장의 철학은 확고했다.

"만약 고객이 우리 제품에 만족했다면 그들은 마니아가 되든지 재구매를 할 텐데 그렇지 않은 게 현실이다. 혁신은 현실을 정확히 인식하고 인정하는 데서 출발한다. 경쟁사에게 밀리는 현실을 인정한다는 것은 두렵지만 반드시 넘어야 할 산이다. 내부의 반발이 크지만 이 또한 어떻게든 극복해야 한다. 윗사람을 즐겁게 하는 말 혹은 내부 분위기에 맞는 말만 오간다면 혁신은 불가능하다. 시장 상황이 정확히 전달되고, 불편하지만 알아야 할 정보가 오고 가야 한다. 혁신은 그런 경로를 통해서 나온다."

신제품 개발이 가시화되면서 구성원들의 자발적인 참여와 관심이 어느 때보다 절실했다. 첫 번째로 핵심 인재를 동참시키기 위한 전략으로 신임 사장이 앞장섰다. 두 번째로 직원들을 설득하기 위해 신제품 출시를 5일 앞두고 결의대회를 개최했다. 본사를 포함해 수도권 영업직원을 모두 서울 교육문화회관으로 집결시켰다. 그 자리에서 신임 사장은 신제품 프로젝트가 성공하면 조선맥주는 종합주류회사로 진출할 것이며 주류업계 일등이 될 수 있다는 비전을 제시했다. 더불어 전 직원들에게 업계 최고의 대우를 해주겠노라 약속했다. 우리는 '공동운명체'라는 점을 인식시켰다. 즉, 이번 프로젝트의 성패가 회사의 운명과 더불어 구성원 개개인의 미래와 연결되어 있다는 점을 강조했다.

대성공이었다. 그동안 비협조적이었던 직원들이 우군이 됐다. NPD 프로젝트가 순식간에 탄력을 받았다. 본사에서는 부서에 상관없이 시간을 쪼개서 NPD 프로젝트의 보완점을 논의하는 한편, 신제품의 강점을 정리해서 정보를 공유했다. 전국 지점장들은 1박 2일 동안 합숙을 하면서 전의를 불태웠다.

영국의 버나드 로 몽고메리 **Bernard Law Montgomery** 장군이 쓴 《전쟁의 역사》를 보면 칭기즈칸이 적은 병사로도 광대한 영토를 지배할 수 있었던 이유가 나온다.

"정복이라고 하면 파괴와 약탈을 떠올리지만 칭기즈칸은 달랐다. 정복민들은 새로운 신분을 자랑스러워했다. 칭기즈칸은 유목민들을 통일했지만 한편으로는 더 나은 생활이 뒤따를 것이라는 희망을 정복민들에게 심어주었다."

모든 부족이 공동운명체라는 점을 인식했기에 정복민들의 자발적 협조가 가능했던 것이다. 마찬가지로 직원들의 자발적이고 적극적인 참여가 있었기에 혁신이 성공할 수 있었다.

작은 소리 하나라도
귀 담아 듣는다

모든 회사에서 중요시하는 것 중에 변하지 않는 것이 있다. 바로 커뮤니케이션이다. 상하 간, 부서 간, 고객과의 커뮤니케이션이 원활하게 이루어지는지, 어떻게 해야 원활해지는지 늘 신경을 써야 한다.

커뮤니케이션이 제대로 이루어지지 않으면 어떤 현상이 나타날까? 무엇보다 정보의 흐름이 원활하지 않으면 정보의 양이 감소한다. 보고가 늦어지고, 직원들이 자신의 의견을 말하기를 꺼리고 논의는 물론 회의까지 피하려고 한다. 사기가 떨어지고, 불성실해지며, 협조가 이루어지지 않으며 심할 경우 불평불만이 쏟아진다. 실제 영업현장에서도 경쟁사의 동태나 그들의 바닥정보를 소홀히 여겨 보고가 늦어지거나 왜곡되어 막대한 손해를 보는 사례가 비일비재하다.

결국 커뮤니케이션의 불협화음이 고객 불평, 생산성 감소, 품질 저하 등 외부 신호로 나타나는데, 이때는 너무 늦어 손을 쓸 수가 없다.

노인들이 단체로 해외여행을 갈 때 가이드가 붉은 깃발을 들고 앞장서서 여행객들의 길을 인도하는 장면을 본 적이 있을 것이다. 여행객들에게 붉은 깃발은 길을 안내하는 목적 그 이상의 가치를 지닌다. 멀리서도 잘 보이는 붉은 깃발이 있다는 것 자체만으로 여행객들은 마음 편히 이곳저곳을 둘러볼 수 있다.

조직 내 원활한 커뮤니케이션을 위해 기업에서도 '붉은 깃발 장치' 같은 제도를 다양하게 도입하고 있다. 하이트진로**진로를 인수하여 세운 기업**도 본사의 인트라넷에 영업정보방을 만들어 전 직원이 경쟁사의 정보를 입력하고 이를 열람할 수 있는 시스템을 운영하고 있다. 이 시스템을 활성화하고 고급 정보를 신속하게 알아내기 위해 월 단위로 정보의 질과 업데이트 속도를 등급별로 점수화하여 평가한다. 결과에 따라 부서별 또는 지점별로 포상금을 지급해 내부 커뮤니케이션을 장려하고 있다. 특히 이곳에 기록되는 정보는 상사의 결재나 보고 없이도 하이트진로 직원이면 누구나 등록이 가능하고, 스마트 오피스 상에서도 등록과 열람이 가능하기 때문에 실시간으로 정보가 업데이트된다.

단, 이따금 CEO가 미확인 정보에 관심을 가질 경우 아무 때나 부서장이나 임원들을 불러 확인하는 통에 수시로 비상이 걸려 중요한 일이 미뤄지기도 한다. 그러므로 정보의 홍수 속에서 '붉은 깃발 장치'가 제 기능을 하려면 정보의 중요도와 가치를 판단하는 경영자의 안목 또한 중요하다.

조직 내의 진정한 소통은 위에서 아래로 흐르는 톱다운**Top-down** 방식으로는 결코 이룰 수 없다. 진정한 소통은 아래에서 위로, 오른쪽에서 왼쪽으로, 360도 자유롭게 흐르는 것이다.

흔히 성공한 창업주는 독단과 오만에 빠지고 톱다운 커뮤니케이션에 익숙해지기 쉽다. 과거의 성공 경험에 의존하려는 경향이 강해 남의 이야기를 잘 들으려 하지 않기 때문이다. 이렇게 되면 소통이 막히고 아이디어가 흐르지 않는다. 기업이 정체되거나 뒷걸음질치게 된다.

혼다**Honda**의 전 사장 가와시마 기요시*河島喜好*는 퇴임의 변으로 일방적인 의사 결정의 위험성을 경고하는 명언을 남겼다.

"최근 2~3년간 내가 말한 사항들이 사내에서 8할이나 통과됐다. 6할이 넘으면 원맨 경영의 폐해가 나타나는 위험신호라고 하는데, 그렇다면 지금 혼다가 위험하다는 얘기가 아닌가? 내가 계속 사장 자리에 있으면 우리 회사는 직선적으로밖에 성장하지 못한다. 그렇기 때문에 퇴임을 결정했다."

물이 흐르지 못하면 고여서 썩기 마련이듯 소통이 원활하지 못한 조직은 결국 문제가 발생한다. 이것이 경영자가 직원들이 자유롭게 말할 수 있는 환경과 분위기를 조성해야 하는 이유다. 직원 또한 소신껏 자신의 의견을 개진해야 한다.

하이트맥주가 진로를 인수해 하나의 조직이 되는 과정은 소통이 얼마나 중요한지를 보여주는 좋은 사례다.

진로는 무리한 사업 확장과 계열사 간 지급 보증 등으로 경영 상황이 악화되며 1997년에 부도가 났다. 2003년 법정관리에 들어간 진로는 자성의 목소리를 높이고 경영 혁신을 위한 행보도 보였지만 소용없었다. 결국 2005년 하이트맥주에 인수됐다.

진로의 경영 정상화를 위해 하이트맥주는 몇몇 경영진을 진로로 발령했다. 당연히 진로의 노동조합에서 '생존권 사수'라는 플래카드를 걸고 거세게 반발했다. 주류업계에서 독보적인 위치를 차지한 회사답게 진로 직원들의 자부심과 긍지는 대단했다.

특단의 조치가 필요했다. 하이트맥주의 경영진은 비협조적인 노동조합에 이렇게 약속했다.

"국민소주 '참眞이슬露'의 위상이 '처음처럼'에게 위협을 받고 있습니다. 소비자 조사 결과를 보더라도 '참眞이슬露'의 브랜드 가치는 예전만 못합니다. 진로를 인수한 후 기존의 진로 인력으로 1년간 영업·마케팅을 했지만 시장 상황이 좋아지기는커녕 더 나빠지고 있습니다. 이제부터 다시 시작입니다. 하이트맥주와 진로가 힘을 합치면 반드시 사상 최고의 실적을 올릴 수 있습니다. 비록 진로가 하이트맥주에 합병됐지만 진로에는 계승하고 본받을 만한 가치가 많습니다. 구조조정이 있을 거라는 흉흉한 소문을 들어서 알고 있습니다. 하지만 절대 그런 일은 없습니다. 회사를 위해 자신의 자리에서 최선을 다해주십시오."

경영진이 진정한 소통을 시도하면서 닫혀 있던 진로 직원들은 마음의 문을 열기 시작했다.

소통이란 어떻게 해서든지 내 생각을 설득력 있게 전달해서 상대방이 따르도록 하는 것이라 여기는 이들이 있다. 이는 뜻하지 않은 부정적인 결과를 불러올 수 있다. 진정한 소통은 내 귀를 열어 상대방의 이야기를 받아들이도록 노력하는 것이다.

강가에 수초를 심어야
좋은 물고기가 모인다

가전제품은 삼성전자, 자동차는 현대자동차, 식품은 제일제당, 음료는 롯데칠성, 의류는 제일모직. 각 상품군에 따라 자연스레 연상되는 이 특정 기업들은 아주 오랫동안 업계 1위 자리를 굳건히 지키고 있다. 그들이 일등 기업으로 오랫동안 사랑받을 수 있었던 비결은 무엇일까? 그것은 훌륭한 인재들 덕분이다.

기업은 곧 사람이다. 훌륭한 인재가 모이면 세상에 이루지 못할 일이 없다. 기업이 탄탄대로로 나아가려면 기술력, 자본, 기업운영 및 다양한 전략 등이 필요하다. 이 요소들은 사람으로부터 나오고 사람에 의해 발전되고 실행된다.

하지만 인재를 구하는 일은 그리 녹록지 않다. 아무리 높은 연봉을 제시해도 인재들은 쉽게 모여들지 않는다. 인재가 찾아오게 하려면 회사가 먼저 인재가 원하는 곳이 돼야 한다. 물고기가 수초가 많고 먹이가 풍족한 강가로 모여들듯이 인재 역시 그들이 뿌리를 내릴 만한 토양으로 모여든다. 인재가 원하는 회사가 되기 위해서는 그들이 능력을 충분히 발휘할 만한 조직의 비전과 문화, 그리고 가치를 지녀야 한다.

돈 때문에 회사에 들어온 사람은 돈 때문에 회사를 그만두게 돼 있다. 회사에 꿈과 비전이 없다면 역동적일 수 없다. 발전적인 비전을 제시하고 조직원들에게 열정을 불어넣는 조직문화가 있을 때 인재들이 모여들고 나아가 숨겨진 잠재력까지 동원해 실력을 발휘하게 되는 것이다.

실패하는 조직에는 반쯤 발을 담근 사람들이 많다. 회사에 대한 애정이 부족하고 신뢰하지도 않으니 자신의 능력을 100% 발휘할 리 만무하다. 당연히 조직의 성장은 요원하다. 결국 개인의 비전을 지켜

일등에는 **신념**이 있다

줄 수 없게 된다. 악순환의 연속이다.

　인재를 확보했다면 그들이 자유롭게 일하고 성과를 낼 수 있는 환경을 만들어줘야 한다. 시골의 논밭에도 급이 있다. 문전옥답이 있는가 하면 자갈논이 있고 천수답이 있다. 이 중에서 심한 가뭄에도 농작물을 제대로 수확할 수 있는 곳은 문전옥답뿐이다. 하지만 문전옥답이 옥토로 보전되려면 지속적으로 양질의 퇴비와 영양분을 공급해야 하고, 복토와 논갈이도 해줘야 한다. 게으름에 인공비료를 뿌리기 시작하면 토양이 산성으로 바뀌어 농작물이 병충해를 입게 되고 특정 양분의 부족 현상으로 작물이 제대로 자라지 못한다. 조직도 마찬가지로 조직과 조직원 간에 믿음을 키우고 소통하며 날 선 신념으로 조직원이 성취감을 느낄 수 있는 문화를 만들 때만이 인재가 떠나지 않는 조직이 될 수 있다.

chapter 12

뚝심의 신념

능력의 차이는 제로,
의식의 차이는 무한대

M&A가 정식으로 성립되면, 서로 다른 문화를 지닌 두 기업 간의 소통을 시작한다. 하지만 소통은 말처럼 쉽지가 않다. 여러 가지 이유가 있겠지만 우선 M&A를 하면 양측 모두 부정적인 생각부터 가진다. M&A를 당한 기업 임직원들 입장에서는 모든 구성원들의 동의로 이루어진 인수가 아니라 돈의 위력 앞에 어쩔 수 없이 당했다는 생각이 지배적이기 때문에 불만을 가진다. M&A를 추진한 기업 임직원들 입장에서는 인수로 인한 경영 악화를 염려하게 된다.

2005년 7월 하이트맥주가 진로를 인수할 때도 이와 비슷한 상황

   일등에는 신념이 있다

이 벌어졌다. 두 기업 모두 주류를 취급한다는 점에서는 동질감을 느꼈지만, 하이트와 진로의 기업문화는 영업관리나 마케팅 실행 방법에서 뛰어넘기 힘든 근본적 차이가 있었다. 일례로 하이트맥주는 오너가 직접 회사를 경영하면서 경상도·전라도·수도권으로 나누어 권역별 책임자를 두고 권한을 대폭 이양해 지방분권적으로 관리했다. 그러면서도 도매업자들을 중심으로 네트워크를 관리하는 유통 시스템이 강점이었다. 또 광고나 프로모션을 통해 소비자들의 구매를 촉진하는 마케팅 전략을 구사했다.

반면 진로는 10년 가까운 화의와 법정관리를 거치면서 법정관리인 CEO가 노동조합과 공조해 회사를 경영하면서 오너 경영체제에서 무너진 회사를 직원들이 살렸다는 자부심이 강했다. 그 결과 진로는 오너는 바뀔 수 있어도 진로 소주는 없어지지 않는다는 믿음으로 똘똘 뭉쳤다. 또한 수도권을 중심으로 한 매출이 전체 매출의 75% 이상을 차지하기 때문에 본사에서 직접 지시하고 방문하고 전략을 수립하고 시행했다. 당연히 영업팀 직원들은 본사에서 지시한 임무를 차질 없이 수행하는 실행력이 탁월했다. 도매점 **종합주류 도매업자** 을 중심으로 영업하는 하이트맥주와 달리 주 고객층인 2차 거래처, 즉 소매상 및 식당 등을 중요하게 여기는 영업 시스템을 취하고 있었다.

여담이긴 하지만 주류업계에서 항상 일등을 지켜온 진로에서는 맥주 하나 히트시켜 성공한 하이트맥주가 진로보다는 못하다고 여겼다. 겉으로 표현하지 않아도 그렇게 생각한다는 게 뻔히 보였다.

하이트맥주와 진로의 문화적 충돌은 예상보다 훨씬 복잡미묘했다. 그중 가장 예민한 문제는 하이트맥주의 영업관리팀은 지점과 도매점 업무를 관리하고 마케팅팀은 소비자 커뮤니케이션을 담당하는 이원적 시스템을 기반으로 운영되는 반면, 진로는 마케팅 본부에서 총괄하고 영업관리는 지점의 행정적 업무와 채권관리 정도만 담당하는 방식으로 운영되었는데, 진로가 하이트맥주에 인수된 이후, 조직이 바뀌고 시스템이 변화되어 하이트맥주의 운영 방식으로 영업, 마케팅이 변화되었다. 이렇게 되자 진로의 영업지점 현장에서는 예전의 진로 방식이 더 효과적이라며 홀대받는다고 느끼고 있었다.

사정이 이렇다 보니 진로 소속 직원들은 하이트맥주에서 온 관리자들이 아무리 좋은 전략을 제시하고 지시해도 그것을 액면 그대로가 아니라 부정적으로 바라보았다. 심지어 예전의 진로와 비교하며 냉소적으로 반응했다.

알코올 도수 20도 벽을 허물고 참眞이슬露을 리뉴얼해 참이슬 fresh로 출시했을 때는 그 고충이 이만저만이 아니었다. 일명 진로 골수 지점장들은 하이트맥주 출신이 참이슬fresh를 개발한 것을 두고 "도수가 낮은 술을 누가 마시겠냐며" 폄하하면서 판매에 소극적인 태도를 보였다. 또 어떤 지점장은 낮은 도수의 소주에 대한 긍정적인 소비자 조사 결과까지 무시하면서 참眞이슬露의 영업 방식만을 고수했

          일등에는 신념이 있다

다. 결국 그 지점장의 고집을 꺾지 못해 그를 전보시키고 다른 지점장
을 발령하는 극단의 조치를 취할 수밖에 없었다.

상사는 직원의 걸음걸이를
보고 결재한다

같은 기획서인데도 상사의 결재를 받아오는 사람이 있는가 하면 반려
되어 터덜터덜 돌아오는 사람이 있다. 직장에서 흔한 광경이다.

CEO들은 수많은 기획서를 받는다. 모두 야심에 찬 사업계획을
담고 있을 것이다. 그러나 대부분의 사업계획이 사장된다. 내용이 나
빠서도 무언가 부족해서도 아니다. 신뢰와 믿음의 차이 때문이다. 최
종 결재를 하는 CEO는 많은 경험을 통해 보고를 청하는 사람의 태도
를 보고 결재 여부를 판단한다고 한다. 결재를 받으러 들어오는 보고
자의 걸음걸이와 눈동자만 봐도 그가 이 프로젝트에 얼마나 자신이
있고, 확신을 갖고 있는지 대충 짐작할 수 있다.

정성 들여 준비한 프로젝트에 결정권자의 결재를 흔쾌히 받기
위한 몇 가지 요령을 소개하겠다.

첫째, 추진하고자 하는 프로젝트를 사전에 조금씩 말로 설명해

CEO가 놀라지 않게 교감할 것.

둘째, 프로젝트를 둘러싼 모든 객관적인 사실, 추론, 상황을 간결하게 표현할 것.

아무리 작은 프로젝트라도 자금을 투자해야 한다면 CEO는 쉽게 결정을 내리지 못한다. 보고자부터 프로젝트를 완벽하게 이해해야 한다. 그래야만 몸에서 자신감이 드러나게 되고 이것이 결정권자에게 고스란히 전달되어야 신뢰를 얻을 수 있다. 완벽한 이해 없이는 절대 상대를 설득할 수 없다. 그러기 위해서는 정보 수집, 평가가 뒷받침되어야 한다. 그리고 보고에 앞서 특히 사실을 확인해야 하는 데이터는 이중으로 살펴봐야 한다. 데이터나 사실에 의구심을 갖는 순간, 그 프로젝트는 호소력을 잃는다.

셋째, 보고자의 수준에 맞춰 표현할 것.

누구에게 제출할 것인지를 생각해 눈높이를 맞춰야 한다. CEO는 예측 가능하고 불확실성을 해소하는 논리적인 설명을 요구한다. 반면 대주주인 오너는 감성적이며 거시적인 안목을 지녔기 때문에 보고자의 자신감과 포부, 그리고 일에 대한 열정을 중시한다.

이렇게 성향이 전혀 다른 결정권자에게 프로젝트를 승인받으려면 그들이 원하는 보고 스타일을 찾아야 한다. 어부에게는 낚시 이야기를, 나무꾼에게는 나무 이야기를 해야 공감을 얻을 수 있듯이 결정권자의 스타일에 맞춰 보고하는 것이 중요하다.

조선맥주의 최종 결정권자이며 오너인 P회장은 결론부터 보고받고 관심이 가는 내용을 질문하는 스타일이었다. 건당 보고 시간은 3분 이내로 하는 것을 좋아했으며, 급한 성격 때문에 보고서의 제목과 소요 예산, 추진 기간, 기대 효과나 특이 사항 정도로 핵심만 간략하게 보고하는 것을 좋아했다.

넷째, 질문을 예상할 것.

예상 질문에 대비해야 한다. '책임자는 누구인가?', '소요 비용은 얼마인가?', '기대 효과는 무엇인가?' 등 가장 흔한 예상 질문에 버벅거리면 프로젝트 자체가 무산될 수 있다.

다섯째, 진행사항을 중간보고할 것.

물량 부족과 더불어 경쟁사에서 제기한 100% 암반천연수 의혹 사건으로 하이트의 판매가 주춤하던 때, 하이트의 판매 촉진을 위해 그동안 하이트의 성장에 큰 힘이 되어준 주류 도매업자들에게 감사의 마음을 전하고자 한 짝당 500원씩 보상판매를 하는 프로젝트를 기획했다. 당시 판매량은 월 250만 짝 선으로 정체 상태였는데 이 이벤트를 통해 월 400만 짝 이상으로 판매량을 급등시키면서 시장에서 쐐기를 박을 수 있다고 판단했다. 추정해보니 25억 원이라는 막대한 보상 비용이 필요했다. 일시에 많은 자금이 소요되는 이런 행사가 주류업계에서는 처음이다 보니 상부에 어떻게 보고할지가 관건이었다.

우선 현장부터 점검할 필요가 있겠다 싶어 지방순회 출장에 나섰다. 최근 들어 판매가 저조한 탓에 지점장과 도매점 사장들의 불만이 이만저만이 아니었다. 하이트의 시장 장악력에 분명 구멍이 생기고 있었다. 결국 도매점들의 불만을 잠재우고 판매를 촉진시키기 위해서는 아무리 비용이 많이 들더라도 반드시 이 프로젝트를 실행할 필요가 있었다.

필자는 오너의 성향을 고려해 그와 접촉할 기회가 있을 때마다 보상판매 프로젝트에 대해 조금씩 구두로 보고하며 오너의 반응을 확인했다. 먼저 출장 조사 보고서를 작성해 주류업계 및 주류 도매업 동향에 대해 상세히 브리핑했다. 그리고 며칠 후 회사의 판매 동향과 문제점을 보고함과 동시에 이전의 보고 내용을 보완해 현재 검토 중인 '하이트맥주와 도매점과의 상생협력 전략'을 추진해보겠다는 내용으로 오너의 구두 승인을 받았다.

보상판매 프로젝트 추진을 확정해야 하는 날 아침, 필자는 오너가 질문할 만한 것들을 뽑아 리허설을 했다. 기습 질문에 대비해 자신 있게 답할 수 있도록 보고 내용을 꼼꼼히 확인했다. 오너의 출근 시간에 맞춰 대기하고 있다가 차에서 내리는 것을 확인하고 차문을 열어 에스코트하고 복도를 따라가며 '도매점과의 상생협력 전략'을 개략적으로 설명했다. 우선 소요 비용과 예상 효과를 보고했다. 잠시 시간을 두었다가 정식 보고를 하면서 아침에 보고한 사안의 연장이라고 언급하자, 오너는 바로 최종 승인을 해주었다.

이렇듯 어떤 프로젝트를 진행하든 간에 결정권자의 최종 승인과 전폭적인 지지를 얻으려면 그가 바라는 바가 무엇인지, 그가 보고 내용을 확실히 인지할 수 있는 방법을 찾아내 접근해야 한다. 그러면 일을 진행하는 입장에서 조직 내 어느 누구보다도 확실한 아군을 얻을 수 있다.

프로가 될
각오로 임한다

예전에는 한 직장에서 한 우물을 파야 성공한다고 했다. 하지만 오늘날에는 전문성부터 갖춰야 성공의 발판이 마련된다. 사회가 전문화되고 세분화**Segmentation** 되면서 모든 것을 다 잘하는 사람보다 한 분야에서 달인이 된 사람이 더 좋은 평가를 받는다. 전문가가 되어야만 더 나은 직장으로 옮겨갈 수 있는 기회도 생긴다. 따라서 자신의 적성에 맞는 부서에 적극 지원해 경력 관리**Career Management**를 포함해 그 분야에서 최고가 되려는 노력이 필요하다.

조직의 입장에서도 상사가 시키는 일만 처리하는 직원보다는 스스로 자신의 능력과 경력을 관리하며 한 분야의 전문가가 되기 위해 스스로 동기를 부여하는 인재가 절실하다.

진로에 바로 그런 인재가 있었다. 진로는 참이슬fresh를 성공적으로 시장에 진입시킨 다음 경쟁사 제품인 '청하'에 주목했다. 청하는 소주를 부담스러워하는 2030 여성들 사이에서 상당한 인기를 끌고 있었다. 당시 진로에도 2030 여성을 겨냥한 '매화수'라는 매실주가 있었다. 매화수는 한 달에 1만8,000짝 정도 꾸준히 팔리기는 했지만 회사 내부적으로는 크게 주목받지 못했다. 그러나 필자는 매화수가 '청하'에 대응할 만한 제품이라는 판단이 들었고, 매화수를 리뉴얼해 청하와 경쟁구도를 만들고 매출을 올리는 중대한 업무를 맡아줄 직원을 물색했다.

마케팅팀에 근무하는 직원이 한 사람 떠올랐다. 도전적이고 열정적인 대리였다. 회의시간에도 자신의 의견을 논리적으로 곧잘 표현하는 여직원이었다. 그녀에게 그녀의 창의력과 근성을 높이 보아 매화수의 리뉴얼 프로젝트를 맡기고 싶은데 어떻게 생각하냐고 물었다. 예상대로 그녀는 흔쾌히 제안을 받아들였다.

프로젝트에 앞서 몇 가지 조건을 제시했다. 첫째, 매화수 리뉴얼 Renewal 프로젝트의 담당자로서 자신과 친구들30대 초반의 여성이 좋아할 만한 맛과 패키지로 리뉴얼할 것. 둘째, 가격을 12% 인상해 청하와 동일하게 포지셔닝해 경쟁구도를 만들 것. 셋째, 이 제품을 리뉴얼하는 동안 회사의 어느 누구도 이 업무에 간섭하지 않으므로 능동적으

　　　　　　　　　　　　　　　　일등에는 신념이 있다

로 할 것. 한마디로 프로젝트에 관한 모든 권한을 그녀에게 위임했다.

진로의 매화수는 30대 초반의 여성 대리의 주도로 새롭게 탄생했다. 출시 일 년 만에 기존 판매율보다 3.5배 증가한 5만 짝이 판매됐다. 지금까지도 매화수는 진로의 스테디셀러로 젊은 여성들에게 인기가 높다.

그녀는 여전히 진로에서 디자인 및 프로젝트 전문 과장으로 일하며 한층 업그레이드된 능력을 발휘하고 있다. 회사 내에 숨어 있는 인재들에게 매출을 증진시킬 수 있는 새로운 기회를 준다면 회사의 혁신은 의외로 쉽게 이루어질 것이다.

삐져나온 못은
계속 삐져나오게 하라

궁합은 남녀 간에만 존재하는 것이 아니다. 2013년 취업포털 잡코리아와 월간 〈인재경영〉이 국내외 기업에 재직 중인 남녀 직장인 1,121명을 대상으로 실시한 '직장인 사직서 제출 충동 경험'이라는 설문 결과, 무려 94.6%가 사표를 쓰고 싶었다고 답했다. 그 이유로는 '과중한 업무로 매일 야근이나 초과 근무할 때**37.3%**', '상사나 동료와 마찰이 있을 때 37.2%', '나보다 동료가 더 많은 연봉을 받는다는 사실을 알았을 때 20.8%', '인사고과 시즌에 내 능력을 제대로 평가받지 못했을 때 20.1%', '좋은 회사로 이직한 동료를 볼 때 17.8%', '답답한 사무실에 갇혀 시간을 죽이고 있다는 생각이 들 때 13.3%' 순이었다.

직장인이 사표 쓰고 싶은 이유 1위와 2위의 차이가 0.1%일 정도로 직장에서 상사와 동료와의 관계는 스트레스의 온상이었다.

특히 자유로운 영혼의 반골 기질을 지닌 직원의 경우 조직생활이 가시밭길보다 고통스럽기 마련이다. 하지만 상사의 그릇 크기에 따라 이런 직원이 발휘하는 역량은 천차만별로 달라진다.

하이트가 전국으로 판매 지역을 넓혀 시판 중일 때, 서울에서는 하이트가 소비자들에게 새로운 혁신제품으로 인식되어 한창 인기를 끌고 있었다. 반면에 지방에서는 서울처럼 불이 붙지 않아 걱정이 태산이었다. 이때 대구에 근무하는 한 사원이 혼자 대구 지역의 소매점을 발로 뛰며 시장 조사를 실시해 현 시장상황과 문제점을 분석한 보고서를 작성해 본사 마케팅실로 보내왔다. 물론 대구 지역 책임자에게는 보고도 하지 않은 사안이었다. 그의 보고서에 따르면 지방에서는 하이트가 어느 회사 제품인지 몰라 제품에 대한 거부감을 드러내고 있다고 했다. 또 대구 지역에서는 크라운 맥주의 점유율이 50%를 육박하기 때문에 매장에서 하이트를 적극적으로 판촉하지 않는다고 했다. 그러면서 보고서 말미에 하이트 상표에 크라운이라는 상호를 부착하자는 제안을 덧붙였다.

그의 제안을 참고해 법률상 상표에는 크라운을 표기할 수 없으므로 플래카드나 포스터를 활용하기로 했다. 한시적으로 'CROWN-Hite'라고 표기해 부착한 결과 하이트가 시장에 진입하는 데 큰 도움이 됐다.

대구 지역 지점장 입장에서는 말단사원이 본인에게 보고도 하지 않고 본사에 바로 이 사실을 보고했으니 괘씸하게 여길 수 있는 상황이었다. 자칫하다가는 지점에서 해고될지도 몰랐다.

나는 곧장 그간의 일을 당시 본부장에게 보고한 후, 이 사원을 본사로 발령할 것을 부탁했다. 그리고 앞으로 그에게 지방의 문제점과 대안을 발굴하는 업무를 맡길 것이라고 말했다. 다행히도 이 사원은 괘씸죄로 혼쭐이 나는 대신 예외적으로 본사 마케팅실 판매전략팀으로 발령이 났다. 추후 하이트가 지방으로 확산되는 데 중요한 역할을 했다.

말단사원이 강력한 명령체계로 움직이는 영업지점의 층층시하에서 상사들의 눈치를 보면서 스스로 시장조사를 실시하고 그것을 본사에 직접 보고한다는 것은 쉬운 일이 아니다. 나쁜 시선으로 그를 평가할 수 있으나 그의 창조적이며 자유로운 에너지는 회사가 안정적으로 이익을 확보하고 제품을 널리 알리는 데 큰 역할을 했다.

마지막까지
날카롭게 다듬는다

기업이 경쟁력을 가지려면 매출이 오르고 이익률이 증가해야 한다. 특히 매출 증대는 브랜드 파워를 지닌 제품과 강력한 유통력, 그리고 탄탄한 조직력이 조화를 이룰 때 가능하다. 하나만 삐걱거려도 기업 경쟁력에 악영향을 끼친다. 그렇다면 우선 브랜드 파워를 지닌 제품은 어떻게 탄생할까?

우선 철저한 시장조사가 필수다. 세계적인 명차 렉서스**Lexus**는 자동차 업계의 신화 그 자체다. 중저가 브랜드라는 이미지로 고착된 도요타는 고급차 시장에 진출하기에 앞서 1985년에 미국 중산층의 니즈를 파악하기 위해 캘리포니아 남부 라구나 비치에 있는 호화 주택을 임대해 부유층 고객의 일거수일투족을 24시간 내내 관찰했다. 타깃 시장 조사팀은 경쟁사인 유럽 차를 몰고 다니면서 직접 느껴보고, 소비자를 인터뷰했으며, 부자들의 생활을 엿보기 위해 고급 의상실, 회원 전용 골프장까지 방문했다. 심지어 레스토랑 주차요원이 차를 어떻게 다루는지까지 관찰했다. 소형차만 만들던 도요타가 최고급 차량에나 붙던 4만 달러라는 가격표를 붙인 렉서스 출시 계획을 발표하자, 〈포천〉은 "도요타가 렉서스를 출시하는 것은 맥도날드가 비프 웰링턴**고급 쇠고기 요리**을 내놓는 것이나 마찬가지"라며 조롱했다. 그러나 렉서스가 출시되자, 언론의 예상과 달리 소비자들은 폭발적인 반응을 보였다.

조선맥주도 1993년 누구도 들어갈 수 없는 철옹성같은 국내 주류 시장에 새로운 개념의 맥주를 진입시키기 위해 도전장을 냈다. 이를 위해서는 소비자들의 의식과 성향 및 기존 경쟁사의 맥주에 대한 불만 사항을 면밀히 조사할 필요가 있었다. 소비자들은 30년간 시장을 주도해온 경쟁사가 신제품 개발이나 기존 브랜드를 업그레이드하지 않고 등한시하는 것에 대해 불만이 컸다. 그리고 경쟁사의 계열사인 두산전자가 일으킨 페놀 사건으로 경쟁사 맥주에 대한 불신의 기운이 강했다.

브랜드는 믿음을 파는 것이다. 따라서 명확한 콘셉트가 브랜드 파워를 키운다. 소비자에게 제시되는 단일하고 명료한 연상, 이것이 핵심이다. 이를 위해서는 스스로 정체성을 밝히는 것이 가장 중요하다. 페놀 사건으로 점화된 깨끗한 물로 만든 맥주에 대한 소비자들의 니즈를 공략하기 위해 "지하 150m의 100% 암반 천연수"라는 원료수의 혁신적인 차별화 포인트를 강조했다. 실수를 줄이기 위해 본격 출시 전에 실제 상황과 동일한 조건으로 상가 매대에 진열하여 테스트 **여의도 상가에서 250명, 대학로 편의점에서 250명, 총 500명** 한 결과, 진열대에 '지하 150m의 100% 암반 천연수 맥주입니다'라는 슬로건만 붙여놓고 가격을 20% 올렸음에도 판매 점유율이 43%**당시 OB맥주의 서울 시장 점유율 90%**

까지 상승하는 쾌거를 거두었다**아래 그래프 참조**. '하이트맥주=깨끗한 물'이라는 정체성을 통해 제품의 경쟁력을 단번에 끌어올릴 수 있는 자신감과 확신을 갖게 되었으며 감히 일등을 할 수 있다는 신념을 갖게 되었다.

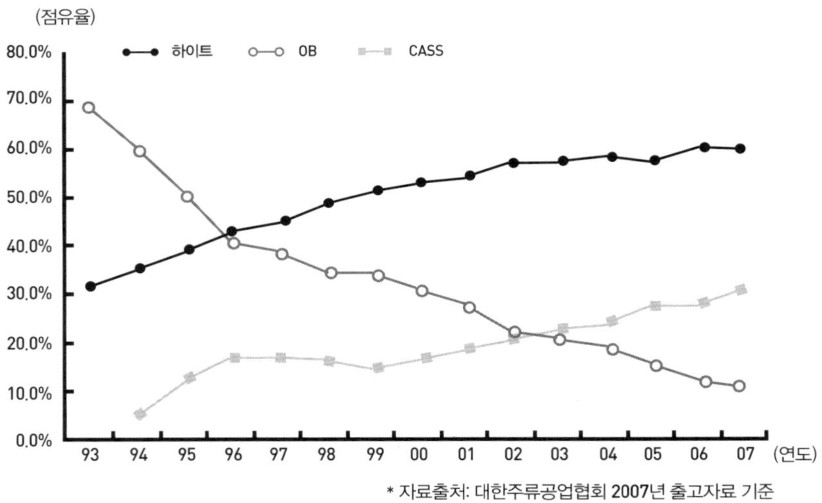

둘째, 강력한 유통력이란 무엇인가? 예를 들어 BMW나 벤츠의 브랜드 파워나 품질이 제아무리 대단하고 좋아도 국내 자동차 시장에서는 좀처럼 맥을 못 추고 있다. 낮은 유통력과 열악한 애프터서비스 때문이다. 조선맥주는 전통적으로 영남을 본거지로 하면서 지방에서

일등에는 **신념**이 있다

는 나름대로 유통력을 유지해왔으나 서울 및 수도권에서는 그 힘이 미미했다. 우리나라의 경우 종합주류 도매업자들**또는 도매점**은 막걸리를 제외하고 대한민국에서 소비되는 모든 술을 유통·판매하기 때문에 주류 생산업체들의 매출은 이들에 의해 좌우된다. 이들이 대한민국 주류 유통을 장악하고 있다고 해도 과언이 아니다.

1993년에 하이트를 출시하면서 약한 유통력을 보완하기 위한 전략으로 경쟁사에 우호적이며 힘 있고 자금력이 풍부한 도매점보다는 판매가 저조한 탓에 자금력이 떨어지는 도매점을 지원하는 방식으로 유통망을 넓혀나갔다. 더불어 경로판매**Route Sales, 순회직접판매** 제도를 신설했다. 경로판매란 소매점과의 관계 마케팅으로 제조업자가 중간 판매업자를 통하지 않고 일정 지역에서 약속된 소매점을 대상으로 순회판매를 하는 방법을 말한다. 조선맥주는 경로판매 요원과 운반차량을 도매장에 전진 배치해 도매점에서 소매점으로 하이트만 직접 이동함으로써 경쟁사에 우호적인 대형 도매업자에게 심리적으로 압박을 가했다.

통상적으로 유통력을 향상시키는 데는 시간이 오래 걸리고 상당한 자금이 소요되기 때문에 전략지부터 시작해 순차적으로 접근해야 한다. 유통력이 열악했던 조선맥주는 전략지의 유통을 안정시킨 후 기존 도매점에 유통을 인계하고 다시 새로운 개척지로 이동해 유통력을 확대해나가는 방식으로 시장을 흔들었다.

끝으로 탄탄한 조직력은 내부 시스템과 조직 문화의 문제이므로 접근이 용이한 것부터 시작해야 한다. 조선맥주는 직원들의 사기를 올리는 게 급선무였기 때문에 조직의 비전을 제시하는 경영혁신운동 프로그램부터 실행했다. 직원들의 정신적 의식 개혁운동과 더불어 정신 재무장을 위해 'HITE 운동'을 전사적으로 실행했다. HITE에서 H는 Humanism, I는 Innovation, T는 Try, E는 Excellent Quality의 약자로 인간성 존중과 혁신, 도전 그리고 탁월한 품질관리로, 이 모든 것을 전사적으로 관리하는 운동이었다.

경쟁력을 좌우하는 3가지 요건에서 모두 열세였던 조선맥주는 하이트 출시 후 '깨끗한 물 전쟁'에서 승리함으로써 2007년에는 전국 시장 점유율이 59%까지 상승하며 한국 주류사와 마케팅사에 '하이트 신화'라는 한 획을 그었다.

이렇듯 기업의 경쟁력인 브랜드 파워·유통력·조직력을 날카롭고 치밀하게 다듬는 전략을 수립함과 동시에 경쟁사의 빈틈을 노리면 하이트맥주와 같은 성공률 2%에 이르는 신화를 이룰 수 있다.

문화를 만들면
소비자는 행복하다

소주의 대명사로 자리매김한 진로는 80년 넘게 우리 서민과 역사를 함께하며 슬플 때나 기쁠 때나 늘 그 자리를 지켰다. 직장인들의 퇴근길 친구가 되어준 진로는 동료 또는 친한 사람들과 소주잔을 기울이면서 그날의 스트레스도 풀고 대화도 나눌 수 있는 전령 역할을 해왔다. 특히 진로의 상징인 두꺼비는 소주와 동의어처럼 사용돼 "두꺼비 한 마리 잡자", "두꺼비 한 마리 까자"란 말이 소주나 한잔 마시자는 의미로 통용될 정도였다.

지금은 '진로' 하면 저절로 '두꺼비'가 연상되지만, 진로의 전신인 진천양조회사의 창업 초기 상징은 원숭이었다. 서북지방에는 예부터 원숭이가 사람의 말을 이해하고 술을 즐기는 기이한 동물로 추앙을 받아온 영물이었기 때문이다.

원숭이에서 두꺼비로 상징이 바뀐 것은 1954년에 회사가 서울

영등포구 신길동으로 이사를 하면서다. 서북지방에서 길한 의미로 인식되던 원숭이가 남쪽에서는 속임수와 교활함의 대명사로 통했다. 이에 당시 임원들은 어떤 동물로 원숭이를 대체할 것인가 고민에 빠졌다. 창업주인 장학엽 회장은 동물사전을 펼쳐 동물들의 특성을 살펴보았다. 그중 그의 눈에 띈 것은 두꺼비였다. 두꺼비는 무한한 번식력, 장생의 생명력, 유순하고 믿음직스러움을 뜻했다. 이에 진로는 기복祈福을 상징하는 두꺼비로 상징을 교체했다.

본론으로 돌아와서 소주와 관련된 몇 가지 재미있는 문화를 살펴보자.

예전에는 소주를 마실 때 뚜껑을 딴 다음 한 손으로 병을 잡고 다른 손으로 병목을 쳐서 소주를 반 잔 정도 흘려버린 후 잔에 따라 마시는 사람들이 많았다. 소주 정제 기술이 부족해서 소주의 나쁜 성분, 즉 퓨젤 오일이나 메틸 알코올 등이 제조 과정에서 맨 위에 뜨는데 이를 제거하고 마셔야 한다는 소문이 있었기 때문이다. 우스갯말로 진로 영업사원이 판매량을 늘리기 위해 첫 잔은 해로우니까 버리라고 헛소문을 퍼트렸다는 이야기도 있다.

지금은 공정 과정에서 대부분의 불순물이 제거된다. 하지만 한국 소주의 정제 기술이 지닌 한계로 여전히 메틸 알코올은 정제하지 못한다. 다만 법에서 정한 수치보다는 낮으며, 건강에 문제가 될 정도는 아니다.

   일등에는 신념이 있다

흔히 뚜껑을 따기 전에 소주병을 잡고 병 바닥을 팔꿈치로 치고 병을 흔드는데, 이는 소주에 첨가하는 감미료들이 잘 섞이도록 하기 위해서라고 한다. 기술적으로는 아무 의미 없는 행위다. 개인적으로 소주병을 흔드는 것은 이효리 마케팅이 크게 어필한 것 같다. 2006년에 진로 참眞이슬露의 대항마가 등장했다. 유통업계의 절대 강자인 롯데가 두산주류BG에서 인수한 '처음처럼'이다. 후발주자인 처음처럼이 성공하리라고는 그 누구도 예상하지 못했다. 그러나 이효리 마케팅, 즉 흔드는 소주 마케팅을 선보이며 2012년에는 시장 점유율이 15%를 넘었다. 술자리마다 소주병을 흔들어 누가 회오리를 더 잘 만드는가 내기하며 웃고 즐기는 모습을 자주 목격했을 것이다. 이렇듯 처음처럼은 소주 마시는 재미를 제공함으로써 후발주자의 핸디캡을 극복할 수 있었다.

건배 문화는 분위기를 살리기 위한 의미에 더해 소주회사의 판매 전략이 숨어 있다. 실제 몇 십 명씩 모이는 모임에서 단체로 건배를 하면 분위기도 살고 소주가 순식간에 몇 병씩 소비된다. 모임의 건배 횟수에 따라 매출이 최대 10%까지 올라가기도 한다. 넘버원 소주 회사답게 진로 직원들은 평소에 건배를 자주하다 보니 다들 건배사를 멋지게들 한다.

소비자에게 재미 요소를 준다는 것은 거창하거나 어려운 것이 아니다. 예를 들어 수타면으로 자장면을 만드는 집에서 수타면 제작

과정을 손님들에게 보여주는 것, 해물탕 전문점에서 고객이 주문할 해물을 직접 고르게 하는 것, 각종 행사장에서 엿장수가 엿치기를 통해 손님을 끌어모으거나 품바 공연을 보여주는 것, 피자 전문점에서 손님이 마무리 토핑 재료를 직접 뿌려볼 수 있도록 하는 것들이다.

최근에 공주 카페가 새로 생겼다. 이곳은 단순하게 차나 커피 같은 음료만을 제공하는 것이 아니라 커피를 마시러 온 손님들이 공주처럼 우아한 드레스를 입고 사진을 찍을 수 있도록 여러 벌의 드레스와 탈의실을 갖추고 있다. 물론 추가 비용을 내야 하지만 고객에게 재미와 욕구 충족이라는 정서적 만족을 줌으로써 큰 인기를 끌고 있다.

이렇듯 단순히 제품을 판매하는 것에 그치지 않고 소비자의 오감을 자극해 즐거움을 선사하면 재구매 효과를 톡톡히 볼 수 있다.

희망을
버리지 마라

무너져가는 기업에서 조직원이 선택할 수 있는 대안은 몇 가지 없다. 첫 번째, "절이 싫으면 중이 떠나야지 절을 옮길 수는 없다"라는 말처럼 사표를 쓰고 회사를 떠난다. 두 번째, 회사가 망하거나 말거나 윗사람의 눈치를 보며 아첨하여 갈 때까지 가본다. 세 번째, 극단적이지만 경영진의 무능을 노동조합과 연계하여 언론과 국민에 호소함으로써 그들을 자리에서 끌어내린다. 네 번째, 핵심 경영진을 설득해 회사를 살릴 수 있다는 비전을 제시하고 그의 확답을 받아내 위에서부터 개혁을 실시한다.

조선맥주에서 일등 신념으로 무뎌진 조직에 날을 세우기 위해 선택한 대안은 네 번째로 제시한 위에서부터 비롯된 친위혁명親衛革命이어야 했다. 실행 방법으로는 고객에게 버림받은 크라운 맥주를 과감히 버리고 이를 대체할 확실히 차별화된 신제품을 출시해 매출을 늘려 회사를 살려보자는 것이었다. 그러기 위해서는 핵폭탄같이 위력 있는 제품을 만들어야 했다. 강력한 무기를 갖고 있으면 겁날 것이 없다. 이슬람 국가에 둘러싸여 있으면서도 유대인의 세상을 만들겠노라 군사력을 키우고 온 국민이 똘똘 뭉친 이스라엘과 민주화를 목표로 독재자였던 무라바크 대통령을 축출했지만 이후에도 독재 정치가 판을 치고 급기야는 유혈사태로 혼란을 거듭하는 이집트 중에 어느 나라가 더 경쟁력이 있다고 할 것인가?

군사력으로나 경제력으로나, 한국의 경쟁상대가 될 수 없는 북한이 외교적으로 버틸 수 있는 것은 핵무기라는 강력한 무기를 보유하고 있기 때문이다.

마찬가지로 상품력, 조직력, 인력, 학력, 네트워크 모두 밀리는 조선맥주가 유일하게 두산 그룹을 상대로 할 수 있는 것은 강력한 '핵무기급' 제품을 개발하는 것과 날카롭게 날을 세운 칼처럼 무뎌진 조직을 다시 예리하게 다듬어나가는 것뿐이었다.

이를 악물고 독하게 조직을 바꿔나갔다. 개발 원칙을 철저히 지키며 신제품을 출시했고, 소비자 및 유통조사 등 사전에 필요한 조사와 진단을 철저히 해 소비자들의 기호를 따라잡았으며, 경쟁사들의 약점을 미리 조사해두어 경쟁사들이 파놓은 함정을 교묘하게 빠져나갔다.

그 결과 하이트 신화를 이루었다. 언제나 OB맥주에 치이기만 하던 조선맥주의 30년 설움을 말끔히 씻어냈다.

세상에는 누구는 태어나면서 재벌 2세 또는 3세, 누구는 명문가

자제, 어떤 회사는 언제나 일등 자리를 고수하는 등 사회는 절대 변하지 않을 것만 같다. 어느 곳, 어느 분야든 상위 1%는 영원불변으로만 보인다.

그러나 세월 앞에 장사 없다고 영원한 일등은 없다. 그대가 야심차게 시작한 일들이 지금은 작고 보잘것없어 보이겠지만 분명 마음속으로는 일등을 꿈꾸고 있을 것이다. 일등을 향한 길은 고되고 벅차겠지만 불가능한 건 아님은 분명하다. 내 경험이 증명하고 있다. 자신감을 갖고 희망을 버리지 마라. '무뎌진 조직에 날을 세워 새로운 혁신의 장도'에 들어서기만 한다면 이미 신화의 출발선 앞에 선 것이나 다름없다. 그대의 앞날에 제2, 제3의 신화가 완성되기를 진심으로 기원한다.

그대도 일등을 할 수 있다. 반드시 그대의 칼날이 녹슬지 않게, 언제든지 쓸 수 있게 날카롭게 날을 세운 신념을 가지고 있다면 말이다.

일등에는 신념이 있다

초판 1쇄 인쇄	2013년 10월 5일
초판 1쇄 발행	2013년 10월 12일

지은이	김정수
펴낸이	신민식

책임편집	김미란
편집	경정은
디자인	전아름
마케팅	계소영
경영지원	김경희

펴낸곳	가디언
출판등록	2010년 4월 27일
주소	서울시 마포구 서교동 394-66 동우빌딩 3층
전화	02-332-4103(마케팅) 02-332-4104(편집실)
팩스	02-332-4111
인쇄·제본	(주)상지사 P&B 종이 월드페이퍼(주)

ISBN 978-89-94909-37-0 13320

책값은 뒷표지에 있습니다.
잘못된 책은 구입한 곳에서 바꿔드립니다.
이 책의 전부 또는 일부 내용을 재사용하려면 사전에 가디언의 동의를 받아야 합니다.

「이 도서의 국립중앙도서관 출판시도서목록(CIP)은 서지정보유통지원시스템 홈페이지(http://seoji.nl.go.kr)와 국가자료공동목록시스템(http://www.nl.go.kr/kolisnet)에서 이용하실 수 있습니다.(CIP제어번호: CIP2013018379)」